KB176653

주식투자
마 음 을
다스려라

개미
보감

주식투자
心마음을
다스려라

초판발행일 | 2017년 7월 1일

지 은 이 | 정성훈 · 허시봉
디 자 인 | 박수정
홍 보 | 배성령
제 작 | 송재호

펴 낸 곳 | 산호북스
출 판 등 록 | 제386-2011-000026호
홈 페 이 지 | http://www.babostock.com/
카 페 | http://cafe.naver.com/sanhostory
전 화 | 1644-4377

총 판 | 가나북스 www.gnbooks.co.kr
전 화 | 031) 408-8811(代)
팩 스 | 031) 501-8811

ISBN 978-89-966440-5-7(03130)

바보스탁 산호님과 시봉님의
주식투자 심리교양서

주식투자
心마음을
다스려라

머리글

주식 투자 교육을 하면서 많은 사람들을 만났습니다.

의사, 변호사, 증권사 직원, 주부, 학생 등 직군도 다양했고, 손실을 크게 입은 사람들도 많았습니다.

일반인의 주식투자 성공확률이 2% 미만이라고 합니다. 그러니 제가 100명의 사람을 만나면 그중 대부분이 주식 투자에 성공하지 못한 사람일 것이고, 또 주식으로 돈을 잘 버는 사람들은 굳이 저를 찾아올 이유가 없겠지요.

주식으로 돈을 벌지 못한 사람들을 만나보면 공통점이 있습니다. 올바른 투자관이 정립되지 않은 상태에서 주식으로 크게 한번 벌어보자는 욕심이 많았거나, 제대로 된 투자방법을 모르고 투자하는 경우가 대부분이었습니다.

제 경험상 주식시장의 본질은 '비싼 수업료'를 치르고 나서야 깨닫게 되거나 비싼 수업료를 치르고 난 후에도 깨닫지 못하는 경우가 많습니다.

주식을 시작 하거나 이미 손실을 크게 봤다면 돈을 벌고 싶은 욕심이 너무

과한 것은 아닌지 돌아봐야하고 또 주식 관련 전문가나 관련 종사자들이 주식의 위험을 가르쳐주기 보다는 자신의 사리사욕만을 채우기 위해 여러 분들을 이용한 측면은 없는지 생각해봐야 합니다. 주식시장에서 투자자들에게 올바른 투자관과 투자방법을 솔직하고 제대로 알려준 전문가가 얼마나 있었는지도 생각 해야겠지요.

제가 주식투자 교육을 하면서 그런 부분이 늘 안타까웠습니다. 그래서 작은 힘이나마 투자자들에게 올바른 투자관을 정립해주고자 노력 해 왔지만 저의 한계도 느끼고 있었습니다.

그러던 어느 날 어린이를 위해 명심보감을 집필하신 지인이 아들에게 주라며 자신의 저서를 선물해 주셨습니다.
글은 그 사람이 가진 생각을 표현한 것이기에
그 지인이 어떤 생각을 가진 사람인지 더 알고 싶어서 제가 먼저 책을 읽어 봤습니다.
아니나 다를까 그 분의 평소 마음가짐이 글에 잘 나타나 있었고, 읽는 동안 잔잔한 감동마저 느껴졌습니다.

머리글

그때 마침 머리를 스치는 것이

주식인들은 욕심을 다스리지 못해서 잃는 경우가 많은데, 그 욕심을 비우고 줄인다면 멋모르고 큰돈을 잃지 않을 수도 있겠다 싶었습니다.

물론 누군가가 돈을 안 잃었다고 해서 나 때문에 안 잃었다고 감사받을 일도 아니고 그렇게 생각하지도 않습니다. 하지만 나와 인연이 닿아 누군가가 재산을 지킬 수 있다면 그것이 진정한 봉사고 덕을 쌓는 일이 아니겠습니까?

그렇게 덕을 쌓는 것은 또 복을 받는 일이니 마땅히 내가 할 수 있는 일이고 해야 하는 일이라 여겼습니다.

그리고 제가 그동안 주식을 하면서 쌓아온 경험이나 마음을 다스리는 법, 올바른 투자관 같은 것을 많은 분들과 공유하고 싶었습니다. 거기에 선인들의 지혜가 담긴 글귀를 보태면 좋은 주식 입문 교양서가 될 수 있겠다 싶었습니다.

그래서 날을 잡아 지인 분께 정중히 '공저로 책을 집필하면 어떻겠습니까?' 하고 말씀을 드렸습니다.

한문 교과서, EBS교재 집필, 청소년 교양 도서 출간 등 바쁜 시간에도 불

구하고 저의 간곡한 부탁으로 저자로 모시게 되었고, 그분이 바로 허시봉 선생님이고 이 책의 공동저자십니다.

이 책이 돈을 벌어주는 책은 아닙니다.
하지만 돈을 잃게 되는 가장 큰 원인인 욕심과 탐욕을 통제하고 실전 매매에서 느껴지는 불편한 마음들을 평온하게 다스릴 수 있다면 이 책은 돈을 지켜주는 책이 될 것입니다.
돈을 지킨다는 것은
돈을 잃었다가 다시 벌어들이는 만큼의 가치가 있습니다.

또 주식인으로 살아가면서 자연스레 겪는 불편한 마음을 평온하게 다스리는 법을 가르쳐주고 싶습니다. 이를 통해 주식투자는 단순히 스트레스만 받는 일이 아니라는 것을 깨달았으면 합니다. 평정심만 잃지 않는다면 주식투자는 일상의 소소한 활력이 될 수도 있습니다.

그러니 이 책은 돈을 벌어들이는 기술서보다 먼저 봐야 할 책이며
돈을 지키는 것이 행복을 지키는 것이기에 행복을 지켜주는 책이 될 수도

있을 것입니다.

만약 이 책이 주식인의 심리 교양서로 자리매김한다면
주식 투자자 여러분들이 대부분 돈을 잃는 것에서 지키는 것으로 바뀌어 있
을 것이고, 지킬 수 있다면 그것이 바로 돈을 버는 시작점이 될 것입니다.

이 책에 담긴 저의 경험을 바탕으로 한 투자관, 그리고 허시봉 선생님께서
전해 주시는 선인들의 지혜를 바탕으로 투자자 여러분들의 성공 투자와
가정의 행복을 간절하게 기원합니다.

바보스탁 산호님 **정 성 훈**

목차

목차

01

인간의 탐욕과 조급함

1 주식공부! 고3 때 이렇게 열심히 했으면 서울대 갔다? 2 주식으로 인생을 바꾸려고 하고 전문직보다 더 많이 벌려고 한다. 3 대부분의 사람들은 3만큼 노력하고 10만큼 기대한다. 4 보유 중인 종목이 손실이 클 때 추가로 더 매수하고픈 마음이 든다면 5 월 천만 원 수익이 적은가 많은가? 6 보유 중인 종목들이 수익 없이 오래 횡보만 한다면 7 일반투자자는 수익을 내려고만하지 어떻게 하면 손실이 나는지는 생각지 않는다. 8 일반투자자와 큰돈을 가진 부자들의 생각차이 9 주식전문가도 주가의 방향성을 모른다.

1

주식공부!
고3 때 이렇게 열심히 했으면
서울대 갔다?

주식공부를 하는 사람에게 이런 말을 들은 적이 있습니다.

"고3 때 이렇게 열심히 했으면 서울대학교 갔겠다."

그 얘기를 들을 때는 정말 열심히 공부하고 있었기 때문에 잠깐 공감하기도 했습니다. 하지만 지금은 공감하지 않습니다. 공감하지 않을뿐더러 그냥 농담으로 여기며 웃고 넘길 이야기입니다. 만약 한 집안의 가장이라면, 자신이 살아온 모든 것과 가정의 행복을 걸고 주식을 하는 것이니만큼 얼마나 많은 노력을 하겠습니까!

하지만 결론부터 말씀드리면 그 정도 공부해서는 서울대학교에 못 간다고 단언할 수 있습니다. 그런 대답이 아니라면

"글쎄요... 그래도 서울대학교 가기는 쉽지 않았을 겁니다."라고 말했을 겁니다.

제가 독자 여러분께 반문해 보겠습니다.

"평소에 공부를 안 하던 학생이 고3 때 죽도록 공부하면 서울대학교에 갈 수 있을까요?"

여러분 생각은 어떠십니까? 중학교 때까지 공부를 소홀히 한 학생이라면 명문 고등학교에 가기도 힘들었을 겁니다. 그렇다면 평범한 고등학교에

들어가서 공부를 멀리하다가 고3 때만 열심히 공부한다고 해서 서울대학교에 갈 수 있겠습니까?

아니면 고등학교 3년 과정만 열심히 공부한다고 해서 대학교를 갈 수 있었을까요?

아마 그 가능성은 매우 낮을 겁니다.

서울대학교 가는 사람들이 머리가 좋아서 쉽게 입학했을 수도 있지만, 대부분이 오랜 시간 노력을 해서 서울대학교에 갑니다. 그들은 좋은 태교부터 초등학교 입학 전은 물론이고 초등학교 6년, 중학교 3년, 고등학교 3년 정규 학교 수업만 12년을 공부한 끝에 서울대학교에 갔을 것입니다.

그렇게 12년을 공부했다고 누구나 서울대에 가는 것도 아닙니다. 치열한 경쟁도 거쳐야 하고, 무엇보다 시험 당일 실력발휘와 운도 따라줘야 합니다. 이런 지나간 공부 과정들을 생각하지 않고 고3 때 1년만 반짝 열심히 공부하면 서울대학교에 간다고요?

저의 고등학교 진학 경험을 말씀드려보겠습니다. 저희 집은 가정형편이 어려워 초등학교 시절부터 대학은 언감생심이었습니다. 고등학교 졸업하고 빨리 취업해야지 하는 마음에 공부를 멀리했고, 중학교 3학년이 되어서야 진로를 결정하다 보니 고등학교에 진학하기 위해 벼락치기 공부를 해야 했습니다.

1년 동안 죽자 살자 공부했더니 영어, 수학을 제외한 거의 모든 과목에서 만점을 받을 수 있었습니다. 각 과목의 선생님이 들어오셔서 나보다 공부를 잘하던 친구들을 누르고 제가 1등이라고 발표를 해주시니 그 기분 참 좋더군요. 영어, 수학을 빼고 채점을 해 보면 학년에서 손꼽히는 등수였지만 기초가 전혀 없었던 영어, 수학이 50점 미만으로 나오니 전체 석차는 낮았습니다. 어찌어찌하여 기적적으로 들어간 고등학교에서도 대기업에 취직하고픈 욕심에 기말시험에 대비하여 도서관에서 살았지만 영어, 수학에 발목이 잡혀 500명 중에 120등밖에 하지 못했습니다.

50등 안에 들어야지만 대기업 취직이 될 때였는데 죽자 살자 해서 120등이 됐지만 더는 등수를 끌어올릴 자신이 없었습니다. 그래서 공부를 아예 손 놓아 버린 적도 있었습니다.

제가 고등학교 진학을 위해 공부했던 시간이나 고등학교 입학 하자마자 기말고사까지 죽도록 공부한 시간도 서울대학교에 가듯 원하는 목표를 이루기엔 턱없이 부족한 시간이었습니다.

자 그렇다면

"고3 때 지금처럼 공부했으면 서울대학교 갔겠다."라고 말하는 것은 누구보다도 열심히 공부했거나 하는 중이라는 뜻이 아니겠습니까? 여러분이 어떤 마음에서 이 말을 했는지는 충분히 이해가 갑니다. 하지만 주식 시장에서는 고3 수험생만큼 열심히 한다고 하더라도 그것만으로 단기간에 성공하기까지는 부족함이 많습니다. 거기다가 공부하는 방법이 틀렸다면 오히려 독이 되는 경우도 많습니다. 어떤 경우는 해도 해도 답이 없는 미로 속에서 헤맬 수도 있습니다.

우리가 쉽게 얘기하는 '고3 때 이렇게 공부했으면 서울대학교 갔다'라는 표현은 '성공으로 가기엔 아직도 턱없이 부족하다'라는 말로 바뀌어야 합니다.

'그 정도 노력으로는 주식 시장에서 턱없이 부족하다.' 이렇게 말이죠.

[산호님의 처방전]

Q. 주식공부, 고3때 이렇게 열심히 했으면 서울대 갔다?

A. 고3때만 공부해서는 서울대 못갑니다.

현재 노력하는 자신의 수준에 만족하지 말고 2002년 월드컵 당시 히딩크 감독이 '나는 아직 배가 고프다'고 했던 것처럼, 더욱 준비하고 공부하십시오.

부자가 되고 싶은가?
치욕을 참아라!

- 순자

欲富乎, 忍恥矣.
욕 부 호 인 치 의

欲 : **욕** 하고자하다   **富** : **부** 부유하다   **乎** : **호** 어조사

忍 : **인** 참다   **恥** : **치** 부끄럽다   **矣** : **의** 어조사

"순자"의 '대략'편에는 위정자(爲政者)가 백성들을 생각하지 않고 사사롭게 자신의 배만 불려 부(富)를 축적하면 그 사회가 혼란하게 될 것이라 말하고 있다. 흥미롭게 이 글에는 당시 백성들이 부자 되기 어려움을 어떻게 생각하는지 적고 있다.

백성들의 속담에 이런 말이 있다. "부자가 되고 싶은가? 치욕을 참고, (몸) 기울이기를 다하고, 오래 사귄 벗을 끊고, 더불어 의(義)도 배신해야 한다." 군주가 부유한 것을 좋아하면, 백성들의 행동이 이와 같아 질 것이니, 어찌 나라가 어지럽지 않겠는가?

순자는 지금으로부터 2300년 전 사람이다. 그 때도 백성들 사이에서는 부자가 되기 위해서 허리가 닳도록 구부리고 사람과의 의리도 끊어야 한다고 했다. 그렇다면 옛사람들은 진정 부자가 되기 위해 친구도 배신하고 의로움도 끊으라고 강조한 것일까? 아닐 것이다. 그만큼 부자가 되기가 힘들다는 말을 하고 싶었던 것이다. 원래 부자라는 단어는 세상에 나 혼자만 산다면 결코 생기지 않을 말이다. 사회에서 각자 가진 소유의 정도가 비교되면서 생겨난 말이다. 그러니 부자란 세상 수많은 관계 속에서 참아야 하고 때론 독해져야 할 필요가 있다는 의미인 것이다. 참 어려운 일이다. 우리들 대부분이 잘 참지도 못하고 독하지도 않기 때문이다. '부자가 되고 싶은가? 치욕을 참아라!'라는 말의 무게가 마음에 묵직하게 다가온다.

　남과의 관계에 대한 이야기는 차차 하자. 먼저 우리 자신이 기억해야 할 한 마디를 새겨본다.

　필요 없는 물건을 사들이면 머잖아 필요한 물건을 내다 팔아야 한다.

- "벤자민 프랭클린의 부의 법칙" 中에서

- 순자

欲 富 乎, 忍 恥 矣.
욕   부   호   인   치   의

欲	富	乎	,	忍	恥	矣	.

2

주식으로 인생을 바꾸려고 하고
전문직보다 더 많이 벌려고 한다.

주식을 하기 전에는
열심히 땀 흘려 일하고 그 대가를 받아서 아껴 쓰고 저축하는 것이
성실하게 열심히 사는 것으로 여겼습니다.

달력의 까만색 날짜엔 열심히 일해야 하고
빨간색 날짜엔 쉬고
조금 더 열심히 살자면 시간 외 근무를 더 하거나, 휴일에도 특근을 해서
남들보다 조금 더 버는 것이 부지런하게 사는 것으로 여겼습니다.

그리고 그 노력의 대가로 동료들보다 몇 천원, 몇 만원이라도 급여를 더
받으면 그것에 만족하고 희열을 느낄 때도 있었습니다.

25세까지 옮겨 다닌 직장이 일곱 곳 정도 됩니다만 이직을 위해 면접을 볼
때도 월차나 조퇴를 이용해서 면접을 보러 다녔습니다. 그만둘 회사이긴
하지만 회사가 바쁠 때는 주말까지 특근을 하고 나서 다음날 이직하는 회
사에 출근하기도 하였습니다.

까만색의 날짜에 하루라도 쉰다면 그만큼 게으르다는 생각이 깔려 있었고 미래로 나아가는 역량의 낭비라고 생각을 했었지요.

남들하고 같이 일하고 같이 놀면
남들보다 더 나아질게 없다...라는 마음에서
남들 일할 땐 당연히 일하고 남들 놀 때도 일을 해야지만 남들보다 나아질 수 있다는 생각을 할 때였습니다.

그런 생각을 가졌던 배경은 시골 어른들의 고지식한 가르침 때문인데
농사짓고 고기잡이하는 분들의 말씀이라
제가 보고 배운 것은 육체적 노동을 마다하지 않고 열심히 일하는 것이 성실한 것이고 열심히 사는 것 이라고 배운 탓 일 겁니다.

그런 마음으로 살아가던 어느 날
하루 5% 수익을 올릴 수 있다는 문구에 현혹되어 주식에 뛰어들었는데
이때부터 돈은 육체적 노동이 아니라도 벌 수 있고 육체적 노동만이 열심히 사는 모습이 아니라 스마트하게 지혜를 발휘해도 열심히 사는 것이 될 수 있다는 생각을 했습니다.

'하루 5% 수익'이라는 문구는 그동안 몸쓰는 일을 열심히 해 온 제 생각을 획기적으로 변화시키는 계기가 되었습니다.

단돈 100만 원만 있으면 하루에 5만 원을 버는 것이고
1000만원만 있으면 하루에 50만 원을 벌고

한 달이면 1000만원 이상을 벌 수 있으니 이것은 몸으로 일하는 사람들과는 전혀 다른 새로운 세상으로 보였습니다.
그래서 몸쓰는 일만 해서는 영원히 다다를 수 없는 부자가 존재하고 돈이 있어야지만 돈을 벌고 그래서 부자가 된다는 것을 알았습니다.

그 사실을 깨닫기 전까지는 젊은 사람들이 좋은 차를 타고 좋은 집에 살면서 화려하게 생활하는 것을 보게 되면 '저 사람은 절대 정직하고 성실하게 번 돈으로 누리는 것이 아닐 거야...'라는 색안경 낀 생각이 들곤 했습니다.

돈에 대한 사고가 바뀌기 시작하면서 주식시장에 뛰어들었는데 여러분도 잘 아시다시피 벌고 싶은 만큼 벌 수 있는 곳이 아니었습니다.
반대로 벌고 싶은 만큼 까먹었고, 그런 현실을 여러분도 잘 아실 것입니다.

주식에 뛰어든 사람들은 몸으로 일하는 대가와는 비교도 안 되게 큰 수익을 원합니다.
육체적으로 일해서는 도저히 벌 수 없는 금액을 벌고자 욕심을 부리며, 그마저도 양에 차지 않아 미수나 신용을 동원하여 계좌 예수금 수준보다 훨씬 부풀려진 수익을 기대하고 있습니다.

물론 저 역시 지나왔던 과정이긴 합니다만 그런 분들께
그만큼 벌어들일 준비는 되었는지 물어보고 싶습니다.
우리가 큰 수익을 원한다면 시장의 누군가가 그만큼을 잃어줘야 하는데 초보인 우리에게 지속적으로 잃어줄 시장이 있겠습니까?
운이 좋아서 한두 번 정도는 그럴 수 있겠지만 늘 그런 일이 일어나지 않는다는 것을 여러분도 저도 알고 있습니다.

또 간혹 의사나 변호사 같은 전문직 종사자들보다 더 큰 수익을 원하는 분들도 있습니다.

의사를 예를 들어보면
앞서 설명한 것처럼 의사는, 서울대학교 들어갈 정도의 10년 이상의 공부와 의대 입학 이후 최소 10년 이상을 공부한 전문직입니다.

결국, 의사 한 명이 탄생하기까지 20년 이상의 노력이 들었고
20년 노력의 바탕 위에 그들의 현재가 있을 것입니다.

월급을 받는 의사라면 어느 조직에 포함되어 조직생활을 할 것이고 그렇다면 일반 직장인이 느끼는 어려움이나 스트레스는 다 가지고 있을 것이며 또 환자의 목숨이나 건강을 다루는 무거운 직책이기에 사명감이나 정신적 스트레스 역시 만만치 않을 것입니다.

또 자기 병원을 개원한 의사라면 병원장으로서 경영을 해야 하며, 개인병원이라 치면 본인 스스로가 몸이 아파서 쉬어야 하는 경우에는 병원 자체가 문을 닫아야 하는 상황 속에 운영을 하고 있을 것입니다.

수입이 많은 전문직이라 하더라도 그 수입에 비례한 업무를 지고 있는 것이 대부분이며 저마다의 어려움 속에 그 자리들을 지키고 있습니다.

그런데 주식투자를 하는 우리 투자자분들은 어떻습니까?

전문직의 자리에서 그만한 대가를 받을 땐 그만큼의 노력이 들어간 것을 알 수 있었는데 여러분은 투자에 성공할 수 있도록 충분한 준비와 노력은 하고 투자를 하셨나요?

하다못해 투자금 백만 원을 넣고 꾸준한 수익이라도 확인을 하셨는지 그런 이후에 금액을 늘려서 투자를 하는 것인지

아니면 그런 건 모르겠고 남들 돈 벌었다 하니 나도 많이 벌고 싶어서 투자금을 무리하게 끌고 오신 것은 아닌지

가진 돈 모조리 한 종목에 몰빵하고 그 종목이 훨훨 날아가 로또복권 당첨되는 그런 꿈을 꾸고 있지는 않습니까?

주식시장은 돈이 흐르는 곳이기 때문에 잘만 하면 마르지 않는 샘물을 가질 수 있는 것이 맞습니다. 그러나 사전에 준비된 것 없이 소중한 재산을 넣고 투자를 하는 것은 노력도 하지 않고 일확천금을 노리는 욕심일 뿐입니다.

전문직 종사자들보다 육체적, 정신적 노력은 훨씬 덜하면서 돈은 더 많이 벌려고 하는 것은 한마디로 '놀부 심보'입니다.

전문직이 벌어들이는 수입보다 더 많이 벌고 싶다면 그에 걸맞은 노력이 반드시 필요합니다.

현대사회는 저출산 고령화 사회이자 100세 시대로, 늘어난 수명만큼 노인층 일자리가 부족한 시대이기도 합니다. 누군가는 재앙의 시대가 다가온다고 하는데 몇 년 또는 십수 년 준비해서 나이가 들어도 마르지 않는 샘물을 가지고 사는 모습 참 아름답지 않습니까?

그 꿈을 이루고자 한다면 지금 여러분이나 저나 해야 할 것은 누구에게도 뒤지지 않을 정도의 올바른 주식공부라 생각됩니다.

도전 없이 정상 없고 도전 없이 실패 없다고 합니다.
실패도 도전하는 사람만이 누리는 쾌감이라고 합니다.

정상에 오르기 위해서 그에 걸맞은 노력은 반드시 필요합니다.

[산호님의 처방전]

Q. 주식으로 인생을 바꾸려고 하고 전문직보다 더 많이 벌려고 하는가?

A. 사전 준비 없이 무리한 투자를 하고, 주식 하나로 인생을 통째로 바꾸려 들고, 전문직 종사자들보다 더 많이 편하게 벌려고 하고, 작은 노력으로 아주 큰 수익을 바라고 있지 않나 살피세요.

이제 급한 마음이나 무리한 욕심은 내려놓고 원하는 목표까지 한 걸음씩 한 걸음씩 나아가야 할 것입니다.

벌집에는 고니 알을 담을 수 없다.

– 회남자

蜂房不容鵠卵

봉 방 불 용 곡 란

蜂 : 봉 벌   **房** : 방 방   **不** : 불 아니다

容 : 용 담다   **鵠** : 곡 고니   **卵** : 란 알

"회남자(淮南子)" '범론훈(氾論訓)'에 있는 글이다.

두터운 덕이 있으면 작은 절개를 문제 삼지 않았고, 크게 칭찬받을 일이 있으면 사소한 일로 흠잡지 않았다. 무릇 소 발굽만한 물에는 드렁허리(몸길이가 40cm 정도 되는 민물고기)나 다랑어가 살 수 없고, 벌집에는 고니 알을 담을 수 없듯이, 작은 몸은 큰 몸을 담을 수 없다.

어린애가 보호자가 없이 큰돈을 보관하고 있는데, 씀씀이까지 헤프다면 어떤 생각이 드는가? 저러다가는 돈도 금방 사라지고 혹시 해코지나 당하지 않을까 걱정할 것이다. 왜 걱정하는 것일까? 이 아이는 아직까지 큰돈을 담을 그릇이 못되며, 혼자서 돈을 지키고 관리할 능력이 없음을 알기 때문이다. 작은 벌이 고니의 알을 제 집에 담을 수 없는 이치와 같다.

복잡한 세상일들은 나이가 있을수록 경험이 많아 성공할 확률이 높다. 하지만 그렇지 않은 일들도 있다. 주식이 그러하다. 머리가 백발인 노인이 주식을 처음으로 배우기 시작했다면 그는 주식에 있어서 이제 막 걸음마를 하는 어린아이에 불과하다. 새파란 청년일지라도 주식에서 산전수전을 다 겪었다면 그는 머리가 희끗희끗한 어르신이다. 뭐든지 새로 시작하면 겸손해야 하고, 자신을 낮춰 배워야 하는 이유가 여기에 있다.

– 회남자

蜂房不容鵠卵

봉　방　불　용　곡　란

蜂	房	不	容	鵠	卵		

③

대부분의 사람들은
3만큼 노력하고
10만큼 기대한다.

로또 1등 당첨을 싫어할 사람이 있겠습니까?

몇천 원 투자해서 수십억 로또에 당첨되면 큰 행운이라고 할 수 있습니다.

그런데 당첨이 잘 되지 않는 것은 희박한 당첨 확률이 가장 큰 이유일 것이고 그것을 다르게 표현해보면 천문학적인 욕심이 당첨확률과 반비례 한다라고 생각할 수 있습니다.

로또 당첨 확률을 배로 끌어올리기 위해서는 평소에 한 장을 샀다면 다음부터는 각기 다른 번호로 두 장을 사면됩니다. 4배로 끌어올리고 싶다면 4장을 사면 될 테고요.

당첨 확률을 50%로 끌어올리자면

예를 들어 매주 판매되는 복권 수량이 천만 장이라면 본인이 천만 장을 사들여서 전체 판매 수량이 2천만 장이 된다면 당첨 확률을 50%로 끌어 올릴 수 있습니다.

그만큼 투자를 해야지만 그만한 결과를 기다릴 수 있다는 뜻인데요. 조금 억지스러운 예시일 수는 있으나 이론적으로 틀린 얘기는 아닐 것입니다.

우리 주식투자자들이 원하는 수익률은 다른 말로 '욕심'이라고도 할 수 있는데 목표 수익률이나 금액을 크게 잡을수록 이루기 힘들어진다는 것이고 목표 수익률을 낮게 잡으면 이루기도 쉬워진다는 논리도 들어 있습니다.

예를 들어 매수하자마자 0.2% 수익을 원하는 자리에 매도를 걸면 열에 여덟아홉 정도는 수익을 챙길 수 있을 것입니다.

그러나 목표수익률을 매수하고 당일 20%로 잡았다면 수익을 챙길 수 있는 것은 열에 하나도 힘들 것입니다.

욕심이 크면 이루어지기 어렵고 욕심이 작으면 이루어지기 쉽다 이런 얘기일 텐데요

제가 어릴 적 아버님과 단둘이 살 때의 얘기를 들려 드리겠습니다.

어릴 적에 아버님과 참 많은 대화를 나누었습니다. 하루에 적게는 30분, 많게는 몇 시간 대화를 나눴고, 그 과정이 있어야지만 저는 집 밖으로 놀러 갈 수 있었습니다.

아버님 역시도 대화가 끝나면 저에게 자유로운 시간을 허락하는 것을 당

연시할 정도였고

대화를 나눈다는 것은 그 이후의 시간은 제 시간의 권리를 행사할 수 있는 것과 같았습니다.

대화의 주제는 살아가는 이야기와 상상하거나 일어나고 있는 주변의 모든 일들이었습니다.

그러던 어느 날 약주를 한잔 드신 아버님은 저에게 독설을 퍼붓기 시작하셨는데

그 독설은

'너는 절대 부자가 되지 못해'라는 말씀이셨습니다. 그 얘기를 하는 동안 아버지의 표정은 너무나 진지했는데, 얘기를 들으며 아버지를 쳐다보는 저는 그 말을 믿을 수가 없었습니다. 표정이 진지한 것도 그렇지만 진정으로 미워서 저주하는 얼굴로 보였습니다.

세상에 아버지가 아들에게 좋은 얘기는 못 해 줄망정

너는 절대 부자가 되지 못할 거라며 독설을 퍼붓는데

저도 부자가 될 수 있고 열심히 노력하면 부자가 되고도 남을 거라고 말씀을 드렸지만, 아버님은 전혀 들을 생각이 없으신 완고한 모습이었습니다.

그때는 진심으로 아버님이 싫었습니다. 어른이 된 지금에도 그때를 떠올리기가 마뜩지 않습니다.

그날의 대화는 저에게 큰 상처가 되었고, 수십 년이 지난 지금도 지워지지

않는 기억이 됐으며 아직도 그 대화는 저에게 많은 숙제를 안겨주고 있습니다.

물론 아버님은 제가 잘 되기를 바라는 마음에 자극을 주고 싶어서 하셨을 말씀이었겠지만 현재 제가 살아가고 있는 이 시점엔 저를 너무나 힘들게 하는 시작이었으며 아직도 그 해답을 찾아 고민하고 있습니다.

제가 부자가 못 될 거라는 핵심 논리는
'남의 것을 빼앗고 탐해야 큰 부자가 될 것인데 너는 남의 것을 뺏을 품성이 아니니 남들에게 나쁜 짓을 못 할 것이고, 그런 짓을 못 할 것이기에 큰 부자는 못 될 것이다'라는 논리였습니다.

수십 년 전 어느 날 하루 동안의 아버님 논리이니 옳다 그르다를 논할 것은 아니라 여깁니다만 현재까지 제가 찾은 대답은 다음과 같습니다.

'대부분의 사람들은 3만큼 노력하고 10만큼을 원한다.
하지만 나는 10만큼을 노력하고 5만큼만 원하겠다.
그렇다면 5만큼은 반드시 이루어질 것이다. 다른 사람이 3만큼의 노력으로 3을 가질 때 나는 다른 이보다 많은 5를 취할 수 있고
노력의 결실이 그대로만 이루어진다면 10만큼은 이룰 수 있다.
남들이 3을 노력하고 그 3.3배인 10을 욕심부려 10이 이루어진다면
나는 10의 노력을 했기 때문에 33을 이룰 수가 있다 그렇다면 나는 남들보다 더 부자가 될 수 있다.'
이런 논리가 제가 찾은 현재까지의 해답입니다.

이런 결론을 내리고 살아가다 보니 남들보다 몇 배는 더 노력해야 하기 때문에 스스로 힘들게 살아가고 있는 것 같습니다.

아버님이 던진 그 독설은 죽도록 열심히 살아가야 하는 내 모습이 되었고 지금의 제가 되었습니다.
한마디로 참 힘들게 바쁘게 살아가는 저의 삶이 되었지요.

여러분은 어떻습니까?
그냥 삶이 아니라 주식에만 한정시켜놓고 봤을 때
남들이 원하는 수익률보다 더 많이 더 크게 바라지는 않습니까? 만약 남들보다 더 많이 바란다면 남들보다 더 노력은 하고 있습니까?

앞서 말씀드렸듯이
남들은 3의 노력으로 10을 가지려 합니다.
여러분은 어느 정도입니까? 여러분은 3의 노력으로 얼마를 가지려 하는 것 같습니까?
3의 노력을 하고 3을 바란다면 참 순진한 생각이고요
왜냐면 노력한 만큼 다 이루어지는 세상이라면 세상 살기 참 쉬울 것입니다.

그럼 3의 노력을 기울여도 3 이하를 가질 수밖에 없을 것인데 얼마만큼의 노력으로 얼마를 바라고 계십니까?

나름 죽도록 열심히 공부하셨다는 분들도 주식 시장에서 모두 다 성공하지 못했습니다. 그렇다면 성공하기 위해선 죽도록 공부하는 것은 기본이 되어야 하는 것이 맞고 그 공부의 방향이 틀린 것이 아니라 올바른 방향 이어야 하며 거기다가 운도 따라줘야지만 성공한다고 할 수 있습니다.

그리고 그 성공의 크기는 수익률로 나타날 텐데 과연 여러분은 얼마만큼, 어느 정도의 노력으로 주식 시장을 대하고 있습니까?

일확천금의 꿈은 이루고 싶은 꿈의 크기일 것이고 욕심일 것입니다.
그 욕심을 이루고 싶다면 그 욕심 이상의 노력을 해야지만 그 욕심만큼 이루어질 것입니다.
결국, 주식 시장에서 성공하기 위해 필요한 것은 욕심의 수치를 줄이고 노력은 평소보다 더 많이 하는 것입니다.

[산호님의 처방전]

Q. 당신은 3만큼 노력하고 10만큼을 기대하고 있는 사람이 아닌가?

A. 대박만 꿈꾸기 보다는 3만큼 노력하고 3을 취하려고 마음먹어라.

더 가지고 싶거든 10만큼 노력하고 5만큼을 바라는 마음을 가져라. 그럴 수 있다면 당신은 주식으로 돈을 벌 수 있을 것이다.

세상에는
'양주학'이 없다.

– 송자대전

世 間 無 楊 州 鶴
세 간 무 양 주 학

世 : 세 세상   **間** : 간 사이   **無** : 무 없다

楊 : 양 버들   **州** : 주 고을   **鶴** : 학 학

옛날 바라는 것을 말하는 자리에서 어떤 이는 양주(揚州, 揚과 楊이 통용되기도 함)의 자사가 되고 싶다고 하고, 어떤 이는 엄청난 부자가 되고 싶다고 하고, 또 어떤 이는 학을 타고 하늘에 오르고 싶다고 했다. 그러자 듣고 있던 한 사람이 자신은 10만관 이나 되는 돈을 허리에 차고서 학을 타고 양주로 가고 싶다고 말해, 세 사람이 말한 소원을 모두 겸하고자 했다.

중국의 양주는 경치가 아름답고 물자가 풍요로운 도시로 서울 면적의 10배가 넘는다. 이곳을 다스리는 자사가 된다는 것은 참으로 영예로운 일이다. 10만관이라고 하면 얼마나 큰돈인지 짐작하기 힘들다. 1관이 100냥이고, 1냥이 10돈이니, 10만관을 우리가 알고 있는 단위로 환산하면 천만냥이고 1억돈이다. 톤으로 환산하면 375톤에 해당하는 어마어마한 돈이다. 그 많은 돈을 허리에 두르고 학을 탈수도 없을뿐더러 탄다 해도 날아서 양주의 자사로 부임할 수 있겠는가? 그래서 양주학이라는 말은 현실에선 이루기 힘든 지극한 소망을 말한다. 많은 현자들이 세상에 양주학이

없듯이 사람이 그 좋은 것을 다 가질 수 없다고 말한다.

　우리는 큰 한탕을 대박이라고 한다. 하지만 우리는 대박에 대한 생각을 바꿔야 한다. 진정한 대박은 한 번으로 끝나지 않아야 한다. 적을지라도 지속성이 있으면 그것이 대박인 것이다. 지속성이 없는 대박은 나를 잠깐 스치고 간 꿈일 뿐이다.

– 송자대전

世間無楊州鶴

세 간 무 양 주 학

世	間	無	楊	州	鶴		

4

보유 중인 종목이 손실이 클 때
추가로 더 매수하고픈 마음이 든다면

❶ 해서는 안 될 '종목 백화점'

주식을 하다 보면 여러 종류의 곤란한 상황을 겪게 됩니다.

이런 곤란한 상황들은 한 번 겪고 끝나는 것이 아니라 반복되기도 하고 다른 형태로 변형되어서 나타나기도 합니다. 해결책을 찾아서 고쳐주지 않으면 주식을 하는 동안 끝없이 나타납니다.

곤란한 상황이 벌어지고 나서 돌아보면 '아 어떤 것이 잘못됐구나~' 하는 것을 본인도 대부분 알 수 있습니다.

알면서도 고쳐지지 않고 또다시 반복하게 되는데 그 결과는 대부분 계좌 손실입니다.

그런 경우 중의 하나가 일명 '종목 백화점' 이라고 할 수 있습니다.

종목 백화점이란 계획한 대로 종목을 매수했지만 수익으로 이어지지 않아 더 좋은 종목이 보여서 추가 매수하거나, 주변의 추천을 받거나, 손실을 만회하기 위해 추가 매수하거나 등 다양한 이유로 매수하여 종목이 너무 많아진 상황을 말합니다.

종목이 너무 많아지면 올바른 대응을 하기가 어려워지는데 종목이 너무 많아 백화점에 진열해도 되겠다는 뜻으로 빗대어 하는 말이 '종목 백화점' 입니다.

추가로 매수할 돈이 없다면 여윳돈이든 빚이든 돈을 더 구해서 추가로 매수하는 경우도 있는데 계좌의 전체 평가는 손실이 큰 경우가 많습니다. 그래서 일부종목이 수익이 나더라도 계좌 전체를 복구할 정도는 되지 않기 때문에 만족하며 매도를 하기가 쉽지 않습니다.
매도 타이밍을 놓친 종목이 고점을 찍고 하락하게 되면 다른 손실 종목들과 함께 더 큰 손실을 만들게 됩니다.

이런 상황들이 지속되면 본인 스스로도 '이건 아니다~'라는 생각을 하게 되고 그 생각들을 반복하다 보면 다음번에는 '절대 안 그래야지~' 하면서 큰 손실을 인정하며 모든 종목을 한꺼번에 매도하는 경우도 많습니다.

또 아니면 장이 크게 하락하는 날 공포심에 모두 다 손절처리하며 마감하는 경우도 있습니다.

큰 손실은 상실감과 실망감, 좌절감 등 온갖 괴로운 감정에 휩싸이게 하는데 주식으로 극단적인 상황까지 가게 되는 것도 이런 이유 때문입니다.
극단적인 상황 속에 들어가지 않으려면 올바른 공부를 통해 철저한 대책을 세워야 합니다.

❷ 올바른 투자관이 필요

내가 판단하고 매수한 종목이 손실이라면 나의 판단이 틀렸거나 아니면 공격 자리가 잘못되었거나 또 아니면 주가를 운전하는 누군가에 의해서 의도적으로 눌러졌음을 의미합니다.

그렇다면 결국 내 능력 밖의 일이 일어난 것이고 자신의 부족함이 드러난 것 이지요

그 상태에서 추가로 다른 종목을 매수하겠다는 것은

'보유중인 종목도 어떻게 처리할 능력도 없으면서 대책 없이 다른 사고를 또 치는 것'이라고 할 수 있습니다.

그렇기 때문에 보유종목이 손실이 커진 상황에서는 본인의 실수를 겸허히 인정하고 앞에 닥친 손실부터 해결한 후 다른 종목을 보는 것이 맞습니다.

능력이 되어야 능력만큼 무엇을 하는 것인데 능력도 없으면서 능력 밖의 일을 할 수는 없지 않습니까?

마찬가지로 보유종목이 손실이 깊어진 상황이라면 본인의 잘못을 먼저 인정하며 추가로 사고를 치는 것을 절대 하지 말아야 합니다.

❸ 올바른 주식공부를 통해 종목에 대한 신뢰 필요

그리고 손실난 종목이 결국은 상승을 할 좋은 종목인지 아니면 분석이 완전히 틀려서 크게 하락할 종목인지 올바른 차트분석 공부가 필요합니다.

올바른 공부를 하고 좋은 종목이라고 판단을 하면 상승해 줄 때까지 믿고

기다리는 여유를 가질 수 있지만 차트분석을 할 줄도 모르는 상태에서 무턱대고 매수를 했다면 불안한 마음에 무엇을 해야 할지 전혀 감을 잡을 수 없습니다.

예를 들어 좋은 종목이 일시적으로 눌러진 것이라면 버티거나 추가 매수하거나 등의 방법으로 대응을 할 수 있지만 아무 생각 없이 그냥 추천만 받은 종목이라면 어떻게 해야 할지 전혀 답이 없는 투자가 됩니다.

올바른 공부가 바탕이 된다면 보유중인 종목에 냉철한 판단을 하여 불필요한 종목은 버릴 수 있을 것이고 줄어든 종목 만큼은 다른 좋은 종목을 또 살 수 있을 것입니다.

❹ 올바른 대응전략

주식 투자에도 전략이 필요합니다.
보유 중인 종목이 많아서 다른 종목을 매수하기 어렵다면 가지고 있는 종목에 올바른 대응을 할 수 있어야 합니다.

보유 중인 종목이 매수 자리가 높은 자리라 하더라도 매수하는 순간 하락하는 시나리오를 가지고 있어야 합니다. 매수를 하는 순간 하락할 때 본전에서 빠져나오거나 손실을 줄이는 전략도 있어야 합니다. 여러 조건에 여러 방법이 있겠지만 한 가지 예시로 다음 그림을 살펴보겠습니다.

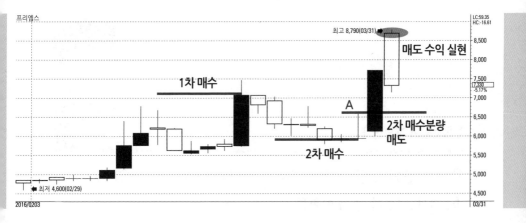

프리엠스

최고 8,790(03/31)

매도 수익 실현

1차 매수

A

2차 매수분량 매도

2차 매수

최저 4,600(02/29)

2016/0203   03/31

좋은 종목이라 판단을 하고 1차 매수 자리에서 공격을 했다고 치겠습니다. 그런데 주가는 상승하지 않고 하락을 했습니다. 올바른 주식공부로 좋은 차트임을 확신했다면 그냥 버티거나 충분히 하락한 자리에서 2차 매수를 할 수 있을 것입니다.

2차 매수를 할 수 있었다면 평균단가는 하락했을 것이고 본전인 자리[A] 에서 2차 매수한 물량만큼은 줄여 줄 수도 있었을 것이며 수익이 난 자리 에서는 수익을 더 크게 실현할 수도 있었을 것입니다.

보유 중인 종목이 적정한 비중 이상으로 많음에도 불구하고 추가로 더 욕심을 부린다면 그것은 분명히 잘못된 습관이며, 그 습관을 바꾸지 않는다 면 주식 시장에서 영원히 수익을 낼 수 없을 것입니다.

온몸으로 열심히 일하고 투자해서 번 재산을, 손가락 한번 잘못 까딱해서 날리는 미련한 투자가 될 것입니다.

[산호님의 처방전]

Q. 보유 중인 종목이 손실이 커서 추가로 더 매수하고픈 마음이 드는가?

A. 해서는 안 될 '종목 백화점'

보유 중인 종목이 적정한 비중 이상으로 많음에도 불구하고 추가로 더 욕심을 부린다면 그것은 분명히 잘못된 습관이며 그 습관을 바꾸지 않는다면 주식 시장에서 영원히 수익을 낼 수 없을 것입니다.

[시봉님의 고전 속 명언 노트]

괴로움을 없애면
즐거움이 저절로 생기는 법이다.

– 채근담

去其苦之者, 而樂自存.
거 기 고 지 자 　　이 락 자 존

去 : **거** 가다 　　**其** : **기** 그 　　**苦** : **고** 괴롭다

之 : **지** 어조사 　　**者** : **자** ~것 　　**而** : **이** 접속사

樂 : **락** 즐겁다 　　**自** : **자** 저절로 　　**存** : **존** 있다

'물에 물결이 일지 않으면 저절로 잔잔해지고, 거울에 먼지가 없으면 저절로 맑아
진다. 그러므로 마음을 억지로 맑게 할 필요가 없다. 흐린 마음을 없애면 맑음이 저
절로 드러나고, 즐거움을 애써 찾을 필요 없다. 괴로움을 없애면 즐거움이 저절로
생긴다.'

– 채근담 中

　사람들은 큰 돈을 번 사람을 보고 자신이 불행하다고 생각한다. 불행하
다는 생각은 사람을 조급하게 하고, 조급하게 행동하면 실수하는 법이다.
이런 실수는 반복하기 쉬워 나를 점점 성공에서 멀어지게 한다. 그렇다면
자신이 큰돈을 투자했는데 손해가 났다면 어찌 해야 하는가? 무작정 덮어
두고 또 돈을 빌려 새로운 이익을 찾아 서둘러 움직여야 하는가? 아니다.
자신이 받은 손해를 최소화하거나 원상태로 돌려놓으려고 노력해야 한다.
흔히 얘기하는 사태수습이 먼저라는 말이다.

행복과 성공은 멀리서 찾는 것이 아니라 자신의 아픔이 무엇인지 알고 없애는 것에서 출발한다. 채근담이 자신을 아프게 하는 것에서 멀어지는 것이 행복의 지름길이라고 말하는 것처럼, 자신에게 손해를 끼친 것에서 멀어지고 최소화할 줄 알아야 이후에 찾아올 이익을 허둥대지 않고 주워 담을 수 있다.

예전에는 몰랐다. 평범하게 사는 게, 무탈하게 사는 게 행복이라는 어른들의 말을 말이다. 지금은 조금 이해할 것 같다. 평범하고 무탈하다는 말은 내 경제력이 우리 가족의 의식주를 해결할 정도라는 말이며, 내 건강이 약간의 취미생활도 가능한 양호한 상태라는 말이며, 내 마음을 아프게 하는 커다란 사건 사고가 일어나지 않고 있다는 뜻이다. 이리 적어놓고 보니 느껴질 것이다. 현재 우리가 얼마나 어려운 일을 해내고 있는지 말이다. 그러니 이 행복을 지키는 것이 다른 행복을 찾는 것보다 우선이다. 이것이 우리가 도박 같은 투자를 하지 말아야 하는 이유임을 깨달아야 한다.

– 채근담

去其苦之者, 而樂自存.

거 기 고 지 자 　 이 락 자 존

去	其	苦	之	者	,	而	樂
自	存	.					

❹ 보유 중인 종목이 손실이 클 때 추가로 더 매수하고픈 마음이 든다면 … **49**

⑤

월 천만 원 수익이
적은가 많은가?

주식투자를 처음 시작할 때 저를 잡아끈 건 '1000만원으로 월 1000만원 벌수 있다'는 유혹이었습니다.

주식으로 월 천만 원을 꾸준히 번다면 직장생활 하면서 육체적 노동을 하지 않아도 되고 자영업을 하면서 스트레스를 받지 않아도 되니 얼마나 좋은 직업입니까?

자영업을 오래 했었던 터라 사람들과의 만남이 항상 스트레스였고 형편만 되면 사람 안 만나는 일을 하고 싶었는데, 주식투자로 월 천만 원씩만 벌수 있다면 그보다 좋은 일은 없어 보였습니다.

다른 사람과의 교류 없이도 자기만 잘하면 되는 일이고
또 언제 어디라도 인터넷만 연결되면 할 수 있는 일이니, 정년 이후 육체노동을 못하게 되더라도 정신만 멀쩡하고 손가락 '까딱'할 힘만 있으면 되니 편안한 노후도 가능할 것으로 생각했습니다.

또 돈을 벌기 위해 위험성이 따르는 시설 투자를 하지 않아도 되고, 직원 관리를 하지 않아도 되고, 업무관계상 '을'이 될 일도 없으니 참 멋진 일이라고 생각했습니다.

당시 제가 느꼈던 그 감정은 지금 이글을 읽고 계신 독자 여러분도 대부분 공감하시리라 봅니다.

월 천만 원 수입으로 변화되는 일들을 생각해보면 가정에도 행복이 넘칠 것이며, 자녀교육에도 투자를 할 수 있어서 공부를 통한 부의 대물림도 할 수 있을 것이고
능력 되는 배우자, 부모로서 대우받고 또 부모님께도 효도할 수 있고 주변 지인들에게도 베풀며 좋은 사람으로 평가받을 수도 있을 것입니다.

사람마다 만족하는 액수는 다르겠지만, 월 천만 원 수입이라면 행복을 지켜나가는 것에는 큰 무리가 없는 돈이라 할 수 있습니다.

그런데 이것은 '만족한다'는 막연한 기준에서 예를 든 것이고 월 천만 원 수입을 가지고 조금 다른 계산을 해 보도록 하겠습니다.
자녀 2명을 키우며 월 5백만 원을 지출한다고 보면 월 5백만 원을 저축할 수 있습니다.
어쩌면 이것도 여유롭게 잡아주는 금액일 수 있습니다.

5백만 원 저축하면 1년에 6천만 원 10년이면 6억을 저축할 수 있습니다.
20년이면 12억 저축이 되지요

그런데 20년 저축해서 모든 돈 12억을 가지고 서울에서 집 한 채를 산다고 생각해 봅시다.

이 돈으로 한강이 보이는 아파트 한 채 살 수 있을까요?

산다 치더라도 작은 평수는 가능하겠습니다만 큰 평수의 아파트 한 채를 사기 힘든 돈입니다.

20년을 벌어서 한강이 보이는 넓은 집 한 채를 못 산다면 그것이 과연 부자라고 할 수 있을까요?

아니 그 집을 샀다고 칩시다. 그럼 이제 차량을 한 대 구입해 볼까요?

수입 자동차 한 대 얼마나 합니까? 1억짜리? 2억짜리? 얼마짜리 수입차를 사면 부자다운 차량이고 만족이 되겠습니까?

과연 그 차량이 부자의 상징처럼 구매가 될 수 있을까요?

설사 사들였다 하더라도 유행이 바뀌거나 노후화되면 또 바꿔야 하지 않습니까?

그럼 취미생활은 어떨까요?

부산의 바닷가에 요트장으로 가보면 그럴싸한 요트 많이 보입니다.

그 요트들, 새것의 가격이 보통 20억이고 중고가 5억 정도 한다고 합니다.

그럼 취미로 중고 요트 한 대 구입을 하면 5억 원이라는 얘긴데 취미생활로 5억 원짜리 요트를 구입하려면 모아둔 돈이 얼마가 되어야 5억짜리 요트를 구입할 수 있겠습니까?

10억 현금이 있다면 취미생활로 5억짜리 요트가 구입이 되겠습니까?

10억 현금 중에 취미로 5억을 쓰면 본인 말고 배우자 취미로도 5억을 써야 할 텐데 10억이 다 날아가 버릴 거 아닙니까?

또 자녀가 성장하면 시집, 장가보내고 집 얻어주고 등등… 해야 할 일이 얼마나 많은데 겨우 10억 현금으로 5억짜리 요트를 살 수 있겠느냐는 것이지요.

결국, 필자가 생각할 때 50억 내지는 100억은 있어야 취미생활에 5억을 쓸 수 있다고 생각을 합니다.

1년에 6천만 원씩 저축해서 10년이면 6억 100년이면 60억입니다.

그렇다면 취미생활로 5억짜리 요트를 산다 치면 월 천만 원 수입으로는 죽었다 깨어나도 불가능하다고 할 수 있습니다.

결국, 그 말은 월 천만 원 수입은 적은 돈밖에 안 된다. 뭐 이런 결론 아니겠습니까?

이렇게 따지고 보면 월 천만 원 수입은 만족할 수 있는 수입이 아니라 꿈을 이루기엔 턱없이 부족한 금액이라고 볼 수 있습니다.

그렇다면 월 천만 원 수입은 상황에 따라서 행복을 만들고 지켜나갈 수 있는 큰돈이 되기도 하지만 큰 부자처럼 떵떵 거리고 살기엔 턱없이 부족한 돈이라 할 수 있습니다.
어쩌면 중산층처럼 살 수 있는 기본금이 될 수도 있고요 정리를 해보면 이렇습니다.

월 천만 원 수입은 행복을 만들고 지켜나가는 큰돈이 될 수도 있지만, 부자로 살아가기엔 턱없이 부족한 돈입니다.
수입 천만 원에 만족을 하고 행복하게 사느냐 못 사느냐는 그 천만 원을 벌어들이고 쓰는 사람의 성향과 가치관에 따라 달라지는 것입니다.

누군가의 5백만 원 수입이 누군가의 천만 원 수입보다 더 나은 가치를 가지며 쓰일 수도 있고, 누군가의 수천만 원 수입이 누군가의 천만 원 수입보다 가치 없게 쓰일 수도 있습니다.

여러분이 주식으로 월 천만 원을 벌어들이겠다는 그 돈의 크기는 아주 만족스러운 삶을 살 수 있는 밑천이 될 수도 있고 요트 한 대도 못 사는 부족한 금액이 될 수 있습니다.

월 천만 원만 벌면 성공하는 것으로 생각되지만, 그것이 이루어지고 나면 또 다른 공허함이 기다리고 있고 그것을 만족시키기 위해선 또다시 욕심을 더 부려야 할 수도 있습니다.

결국 큰돈으로 느껴지는 월 천만 원은 정말 가치 있게 큰돈으로 쓰일 수도 있고, 가치 없는 천만 원이 될 수도 있습니다. 그 돈이 가치 있게 쓰이냐 아니냐는 이미 본인 마음에 달렸고 욕심을 얼마만큼 통제하느냐에 달렸다고 볼 수 있습니다.

주식을 하는 우리가 도전해야 할 부분은 당연히 큰 수익입니다만 그보다 더 중요한 것은 현재를 살아가고 있는 시점에 주식을 통해서 지금보다 조금 더 나아지는 미래의 삶을 목표로 하는 것입니다.

지나친 욕심으로 만든 목표치가 아닌 주식투자를 통해 조금이라도 더 나은 삶을 살겠다는 소박한 목표라면, 투자에 있어 과도한 욕심은 통제할 수 있을 것이라고 생각합니다.

주식으로 일확천금 부자가 된다는 욕심은 내려놓으시고 조금 더 성장한다는 마음으로 주식을 하시면 마인드 관리에 큰 도움이 되실 겁니다.

[산호님의 처방전]

Q. 월 천만 원 수익이 적은가 많은가?

A. 월 천만 원은 생각하기에 따라 큰돈일 수도 있고, 적은 돈일수도 있습니다.

무엇보다 중요한 것은 일확천금을 노리는 욕심을 버리고 주식을 통해 지금보다 조금 나은 삶을 살겠다는 목표를 세우는 것입니다. 돈의 가치란 그 사람이 돈을 어디에 어떻게 쓰느냐에 따라 달라집니다. 누구는 가족을 위해서, 누구는 여가활동을 위해서 쓸 것입니다. 그 가치는 쓰는 사람의 몫입니다.

돈이 있으면 귀신도 부릴 수 있는데, 하물며 사람이랴.

– 노포, 전신론

有錢可使鬼, 而況於人乎.
유 전 가 사 귀 　 이 황 어 인 호

有 : 유 있다　　**錢** : 전 돈　　　**可** : 가 가히

使 : 사 부리다　　**鬼** : 귀 귀신　　**而** : 이 접속사

況 : 황 하물며　　**於** : 어 어조사　　**人** : 인 사람

乎 : 호 어조사

진(晉)나라에서 가(賈)씨와 곽(郭)씨가 방자하고 전횡을 일삼아 뇌물이 공공연히 행해지자, 노포(魯褒)가 전신론(錢神論)을 지어 풍자했다. 이 글에는 돈이 얼마나 위력적인가 말하고 있다.

（돈을）잃으면 빈약해지고 얻으면 부강해진다. 날개 없이도 날고 발이 없이도 달린다. 엄숙한 얼굴을 풀어주고, 벌어지기 어려운 입도 열어준다. 돈이 많은 사람은 앞에 서고 돈이 적은 사람은 뒤로 간다. 시에 이르기를 '부자들은 괜찮겠지만 곤궁한 이가 가엾도다.'라 함이 이를 이름이 아니겠는가?...... 벼슬이 없어도 존귀하고, 세력이 없어도 권세가 높이 드러나고, 붉은 대문을 밀치고 궁궐로 들어간다. 돈이 있는 곳에서는 위태로움도 편안해지고, 죽은 것도 살릴 수 있다. 돈이 떠나가면 귀한 것도 천해지고, 살아있는 것도 죽일 수 있다...... 속담에 이르

기를 "돈은 귀가 없어도 몰래 부릴 수 있다."고 했고, 또 "돈이 있으면 귀신도 부릴 수 있는데, 하물며 사람이랴!"라고 했다.

우리나라 속담에도 '돈만 있으면 두억시니도 부릴 수 있다.'는 말이 있다. '두억시니'는 귀신 중에서도 야차(夜叉)같이 모질고 사나운 귀신을 말한다.

1700여 년 전 도포(魯褒)가 살던 때나, 지금이나 돈의 위력은 전혀 달라지지 않았다. 그러니 기억해야 한다. 자신에게 돈이 있어 귀신도 부릴 수 있다고 좋아할게 아니라 부리고 있는 것이 위험한 귀신임을 말이다. 주식은 귀신과 같다. 일정하게 거리를 두고 철저하게 원칙을 지키면 돈을 벌게 해주지만 가벼이 보고 함부로 대하면 우리의 모든 것을 빼앗아 간다. 귀신 같은 주식을 가볍게 보지도 않고 그렇다고 두려워하지도 않으며, 일정한 거리를 두고 원칙을 지키려면 우리 같은 초보자가 어떻게 해야겠는가? 부단하게 배우고 묻고 익혀야 하지 않겠는가?

– 노포, 전신론

有錢可使鬼，而況於人乎.

유 전 가 사 귀 　 이 황 어 인 호

有	錢	可	使	鬼	，	而	況
於	人	乎	.				

6

보유 중인 종목들이
수익 없이 오래 횡보만 한다면

주식을 매수하는 이유는 수익을 내기 위한 것 말고는 다른 이유가 없습니다. 매수하는 순간 주가가 하락하기를 바라지도 않을 것이고 또 수익 없이 횡보하는 것을 바라지도 않을 것입니다.

매수 이후 빨리 상승하고 수익으로 이어지길 바라는 것은 투자자들의 목표이자 본능입니다.

그런데 문제는 상승을 바라는 한 가지 목표로 매수했지만 주가가 움직이는 것은 상승 외에도 하락이나 횡보라는 두 가지 방향이 더 있다는 것입니다.

매수 이후 상승하는 것, 하락하는 것, 횡보하는 것 이렇게 세 가지가 됩니다.

결국, 주식은 우리가 매수하는 순간 세 가지 움직임으로 나타난다는 것이고 우리는 상승이라는 단 하나의 카드를 요구하며 주식을 매수했지만, 주식이라는 녀석은 우리의 바람과는 달리 횡보나 하락이라는 움직임으로도 나타나기 때문에 우리 기대를 충족시킬 확률은 셋 중에 하나라는 것입니다.

그러므로 매수 이후 주가가 상승하지 않고 횡보를 하는 것도 어쩌면 당연한 결과라는 마음이 필요합니다.

그런데 우리네 투자자들은 매수를 하고 난 후 상승하지 않으면 그것을 당연하게 받아들이지 않습니다. 상승하지 않는 것이 당연한 결과일 수 있는데 그런 사실들을 완전히 간과하고 있는 것이지요.

또 상승을 한다 하더라도 매수하는 순간 즉시 상승할 가능성은 크지 않습니다. 매수 이후 시간이라는 필요 요소를 채우고 나서 상승을 하는 경우가 많습니다.

그렇게 시간을 가지고 상승할 것이기 때문에 주식을 서둘러 살 이유도 없는 것이라 할 수 있습니다.

그럼 서둘러 사는 것은 왜일까요?
종목을 서둘러 사는 데는 어쩔 수 없는 이유가 있습니다.

돈을 아무리 많이 가지고 있다 하더라도 주식을 매수하지 않으면 주가가 아무리 상승을 해도 돈을 벌지 못한다는 것이 그 이유입니다.
돈을 벌기 위해 주식을 하는데 주식을 매수하지 않으면 돈을 벌수가 없고 돈을 못 벌면 주식을 할 이유가 없기 때문입니다.
그래서 계좌에 돈이 들어오자마자 주식을 사들이게 되는데 그러다 보니 종목은 많아지고 주가는 바로 상승하지 않으니 보유종목만 많고 수익은 나지 않는 결과를 가져오게 됩니다.

어떻습니까?

계좌에 보유종목은 많고 수익은 나지 않는 상황

또 아니면 보유종목은 많고 계좌가 손실인 상황은 지극히 정상적인 것 아니겠습니까?

인정하긴 싫지만 인정할 수밖에 없는 현실이라고 할 수 있습니다.

이런 빠져나올 수 없는 굴레를 돌고만 있다면 우리 투자자들은 주식 시장에서 영원히 성공할 수 없을 것입니다.

주식은 '타이밍'이란 말이 있습니다. 현금을 적절히 보유하면서 적재적소에 들어가는 것이 늘 겪는 시행착오를 줄이는 방법일 것입니다.

올바른 주식공부 바보스탁이 함께합니다.

[산호님의 처방전]

Q. 보유 중인 종목들이 수익 없이 오래 횡보만 한다면

A. 상승을 바라고 매수했지만 주가가 움직이는 것은 상승 외에도 하락이나 횡보라는 두 가지 방향이 더 있습니다.

결국, 주식은 우리가 매수하는 순간 세 가지 움직임으로 나타난다는 것입니다. 돈이 생기자마자 주식을 조급하게 매입하는 투자습관에서 벗어나 시장을 바라보고 현금을 적절히 보유하면서 적재적소에 들어가는 것이 시행착오를 줄이는 방법입니다.

가능성이 보이면 나아가고, 어려움을 알면 물러나라.

– 오자

見可而進, 知難而退.
견 가 이 진 　 지 난 이 퇴

見 : 견 보다 　　 **可** : 가 옳다 　　 **而** : 이 접속사

進 : 진 나아가다 　 **知** : 지 알다 　　 **難** : 난 어렵다

退 : 퇴 물러나다

"손자(孫子)"와 더불어 최고의 병법서로 알려진 "오자(吳子)"의 '요적(料敵)' 편에 보면 다음과 같은 글이 실려 있다.

　적국과 싸움을 피해야 하는 경우가 6가지 있다.

첫째, 땅이 넓은데다 인구가 많고 부유할 때이다.

둘째, 군주가 백성을 아끼고, 정치가 잘 이루어져 그 혜택이 백성에게 고루 미칠 때이다.

셋째, 상벌이 공정하여 반드시 때에 맞게 이루어질 때이다.

넷째, 공을 세운 자가 높은 자리에 앉고, 현명하고 능력 있는 인재가 등용될 때이다.

다섯째, 병력이 많은데다 병사가 정예일 때이다.

여섯째, 외교적으로 사방의 이웃나라와 대국의 지원을 받을 수 있을

때이다.

무릇 이러한 점이 적국만 못하다면 싸움을 피하는 것을 의심하지 말라. '가능성이 보이면 나아가고, 어려움을 알면 물러서야 한다.'는 말이 이를 말한 것이다.

만약 일국(一國)의 군주가 강한 이웃나라를 병탄할 욕심에 전쟁을 일으키려 한다고 가정해보자. 대부분의 국민들이 이렇게 말할 것이다. "왕이시여! 전쟁은 국가의 흥망이 달린 일이니, 일시적인 감정에 휩싸여 함부로 일으켜서는 안 될 일입니다. 적국에 대해 철저히 분석해 명분과 승산이 있어도 조심스럽게 결정할 일이거늘, 하물며 불리하다면 전쟁을 피하고 후일을 도모하는 편이 낫지 않겠습니까?"

주식을 사는 것도 이와 닮아있다. 주식을 살 수 있는 돈이 생겼다는 것은 나에게 싸울 군대가 생긴 것과 같다. 주식으로 벌고 싶은 많은 돈은 내가 무찔러야 하는 적과 같다. 적을 빨리 물리치고 승리하고 싶은 욕심에 군대를 함부로 움직여서는 안 된다. 싸움의 명장들도 싸우기 전에 위의 6가지로 상대를 면밀히 관찰하지 않는가? 초보자인 우리가 군대를 쉽게 움직이지 말아야 하는 이유가 여기에 있다.

- 오자

見可而進, 知難而退.
견 가 이 진　　지 난 이 퇴

見	可	而	進	,	知	難	而
退	.						

7

일반투자자는 수익을 내려고만하지 어떻게 하면 손실이 나는지는 생각지 않는다.

주식 시장에는 다양한 투자자들이 존재합니다.

개인투자자, 기관투자자, 외국인투자자, 펀드매니저, 투자사, 금융기관, 회사관계자나 대주주 등 이 외에도 다양한 형태와 다양한 부류의 투자자들이 있습니다.

이들은 각자의 위치에서 추구하는 바가 각기 다를 수 있습니다.

개인투자자는 시세차익이나 배당금을 목표로 하는 것이 대부분이겠지만 투자자들에 따라서는 경영참여나 M&A, 경영권 방어, 배당금 아니면 그 기업의 기술을 뺏는 것을 목표로 할 수도 있습니다.

이 외에도 열거되지 않았거나 우리가 모르는 각자의 목표를 가지고 투자를 하는 사람들도 무수히 많을 것입니다.

그렇기 때문에 주식시장에 참여하는 사람들이 모두가 한 가지 생각이나 한 가지 목표를 가지고 있을 것이라고 생각하면 큰 오산입니다.

목표가 다른 사람들이 존재하기 때문에 서로의 입장차이가 확연히 있는 곳이고 누군가가 수익이 나서 웃는다면 누군가는 손실이 나서 울고 있거나 아니면 원하는 것과 다른 결과라서 실망을 하고 있을 수도 있습니다.

개인 투자자 대부분은 투자를 통한 시세차익이 목적이고 그 다음이 배당인 경우가 많습니다. 아주 드물게는 다른 목적이 있을 수도 있겠지만 그것은 아주 일부분이기 때문에 대부분은 시세차익이 주목적이고 소수는 배당이 목적이라고 할 수 있습니다.

시세차익이 목표라고 한다면 주식을 매수한 이후 주가가 올라야만 수익을 낼 수 있기 때문에 매수 이후 오로지 오르기만을 바라는 사람들이라 할 수 있고, 실제로 주가가 상승을 해야지만 수익을 챙길 수 있으며 주가가 하락하거나 횡보하면 아무 이득이 없습니다.

그렇기 때문에 개인투자자들의 생각구조는 어떤 종목이 오를까 하는 한 가지 생각 말고는 다른 생각이 없는 경우가 대부분입니다.

또 본인 스스로가 한 가지 생각만 하는 것에서 끝나지 않고 시장 참여자들이 각기 다른 생각을 가지고 있다는 생각조차도 하지 않습니다.

한마디로 다른 사람의 생각이나 마음은 알아보지도 않고 오로지 주가가 올라야만 시장 참여자 모두가 이익이라는 한 가지 생각에 갇혀 있기에 차트분석을 할 때도 다른 가능성은 생각하지 않습니다. 그렇다보니 올바른 차트분석이 될 수 없겠지요,

주가가 시장의 힘에 의해서 자연스럽게 움직이는 거 같습니다만 그 자연스러움 속에서도 누군가는 큰 수익이고 누군가는 큰 손실이고 그렇습니다. 자연스러워 보이는 주가의 움직임 속에도 누군가는 큰 수익을 통한 행복을, 누군가는 손실을 통한 아픔을 겪는 희노애락이 담겨 있습니다.

그런데 그 손실과 수익을 어느 정도 조절할 수 있는 사람이 있다면 그들은 그 수익의 달콤함을 그냥 내버려 두지는 않을 것입니다.

예를 들어 자기회사에 악재가 생길 것을 알거나 악재가 생긴다면 시장에 알려지기 전에 매도를 할 것이고, 반대로 자기회사에 호재가 예상된다면 호재가 알려지기 전에 주식을 매입하려 할 것입니다.

왜냐면 호재나 악재의 움직임 속에서 큰 수익을 올리거나 큰 손실을 피할 수 있기 때문에 당연히 개입을 할 것이라고 보는데, 그 개입을 가장 손쉽게 할 수 있는 사람들은 회사 관계자이거나 또는 대주주이거나 회사 내 정보를 미리 알 수 있는 사람들 아니겠습니까?

그리고 자신들이 개입을 하면 손쉽게 자신들의 부를 창출할 수 있는데 자기네 회사를 자기네가 아닌 아무관계도 없는 사람들이 좌지우지하면서 단물을 빨아먹도록 내버려두지는 않을 거 아닙니까?

그렇기 때문에 주식시장의 거의 모든 종목들엔 차명을 동원해서라도 터줏대감들이 존재를 하며 그들에 의해서 주가는 움직이고 있다고 봐도 과언은 아닐 것입니다. 그럼 주식 시장의 거의 모든 종목들엔 개인투자자들이 아닌 터줏대감들이 항상 존재한다. 라고 보면 맞겠지요?

증권사나 기관들의 리포트를 보면 매수의견은 많이 있습니다. 각 종목들마다 리포트를 내면서 매수의견과 함께 목표가 그리고 손절가 등을 알려줍니다.

그러나 매도의견은 거의 없는 것이 현실입니다.

그들은 매수의견을 꾸준히 던지면 매수를 하게 되고 돈이 없어 추가 매수를 못하는 사람들에게는 늘 새로운 종목들을 제공함으로써 보유중인 종목을 팔고 새로이 매수하도록 유도를 하고 있습니다.

그렇게 하면 수수료 수입을 올릴 수 있고 또 자사펀드들의 수익률을 상승시키는데 도움을 줄 수 있습니다. 고객들의 자발적 매매에 의한 수익이나 손실 따위는 아무 관심이 없으며 수수료 수입을 많이 올리느냐 못 올리느냐가 제일 중요한 문제일 것입니다.

매도 사인을 내면 주가 급락에 따른 주주들의 원성, 회사의 반발 등 부작용이 많기 때문에 어지간해선 매도 사인은 잘 나오지 않습니다.

일부 투자자들의 목적인 경영권을 살펴보면, 주식을 어느 정도 확보를 해야 하는데 주가가 상승만 해 버리면 단가가 높아져 투자비용이 늘어나는 상황이 발생합니다. 또 경영권방어를 위해 주식을 매입한다 하더라도 이런 경우는 주가가 상승해버리면 곤란한 상황이 됩니다.

오히려 주가가 하락하는 것이 역으로 수익이 더 난다고 할 수 있습니다.

또 주가조작을 위해 주식을 매집한다고 치더라도 주가가 올라버리면 매입단가가 올라가서 수익률이 나빠질 수 있습니다. 이런 경우에도 주가가 상승하는 것보다 하락하는 것이 더 도움이 되며 의도적인 악재를 만들어서라도 주가를 누르는 것이 도움이 되며 매집이 끝난 이후에는 주가가 상승을 해야지 수익이 나게 됩니다.

같은 투자자라 하더라도 매집을 하고 있을 때는 주가가 하락을 해야 수익률에 도움이 되고 매집이 끝나면 상승을 해야지만 수익이 나는 것입니다.

이렇듯 주식시장에는 다양한 목적을 가진 사람들이 같이 모여 있습니다. 이런 주식시장에서 단순히 내 배만 채우겠다는 생각으로 달려들어서는 절대 원하는 결과를 얻을 수 없습니다.

제가 어릴 적 겪었던 일인데 어른이 되어서야 참뜻을 알게 된 얘길 해 드리겠습니다.

제가 중학교 때 해수욕장에서 아르바이트를 했습니다.

하루 수 백 만원 현금매출을 올리고 그 매출은 그냥 바구니에 담아서 관리를 하는 상황이었는데 마음만 먹으면 하루에 얼마라도 삥땅(?)을 칠 수가 있었습니다.

그런데 그 당시 슈퍼 사장님은 저에게 비싼 메이커 옷들을 사다 입혔습니다. 사다주는 옷이고 고가의 옷이다 보니 즐겨 입긴 했는데 ,지금 와서 생각해보니 주머니가 없는 옷들이었습니다.

그것은 삥땅을 치더라도 주머니가 없으니 돈을 넣을 곳이 없다는 것이고 자연스럽게 삥땅은 막을 수 있다는 것이었습니다.

그리고 마지막 검열은 장난삼아 고추를 만지는 것으로 숨긴 돈을 체크를 했는데 그 당시에는 그런 생각들을 못했습니다만 어른이 되고 나이 40이 되어서 불현 듯 그 생각이 떠오르는 것이었습니다.

아르바이트생을 통제하는 사장님의 지혜랄까요, 센스랄까요 아님 잔머리라고 할까요.

그 당시 중학생이던 저는 개인투자자 정도 됐을 거 같고 슈퍼사장님은 기관투자자나 세력이나 되지 싶습니다.

슈퍼마켓 안에도 각기 다른 생각을 가진 사람이 있었듯이 주식 시장 안에도 다양한 목적을 가진 사람들이 존재한다는 것을 꼭 명심하시기 바랍니다.

[산호님의 처방전]

Q. 일반투자자는 수익을 내려고만하지 어떻게 하면 손실이 나는지는 생각지 않는다.

A. 경영권을 방어하려는 사람이나 주가조작을 위해 주식을 매집하는 세력은 주가가 올라버리면 매입단가가 올라가서 수익률이 나빠지니, 주가가 하락하는 것이 더 도움이 됩니다.

그러니 의도적인 악재를 만들어서라도 주가를 누르다 매집이 끝난 이후에는 주가 상승요인을 만듭니다. 이렇듯 주식시장에는 다양한 목적을 가진 사람들이 같이 모여 있는 곳입니다. 이런 주식 시장에서 그저 돈만 벌겠다는 생각만으로 달려들어서는 절대 이길 수가 없습니다.

황금을 가져갈 때에 사람은 보이지 않았고 다만 황금만 보였다.

– 열자

取金之時, 不見人, 徒見金.
취 금 지 시 불 견 인 도 견 금

取 : **취** 취하다	**金** : **금** 금	**之** : **지** 어조사
時 : **시** 때	**不** : **불** 아니다	**見** : **견** 보다
人 : **인** 사람	**徒** : **도** 다만	

"열자(列子)" '설부(說符)' 편에 황금을 훔쳐 달아나다 잡힌 사람 이야기가 나옵니다.

옛날 제나라에 황금을 얻기를 바라는 사람이 있었다. (그는) 밝은 새벽에 의관을 차려 입고 시장에 가서 황금을 파는 사람의 가게로 가서는 황금을 움켜쥐고 달아났다. 관리가 그를 붙잡아 물었다. "사람들이 모두 거기에 있었는데, 자네는 남의 황금을 집어간 것은 무엇 때문인가?" (그가) 대답했다. "황금을 가져갈 때는 사람을 보지 못했고, 다만 황금만 보였습니다."

새벽같이 일어나 옷을 쫙 빼입고 금은방에 가서, 사람들이 모두 지켜보고 있는데도 황금을 손에 움켜쥐고 달아나는 사람이라니 웃음이 절로 난다. 금은방에서 그 광경을 보고 있던 사람들은 얼마나 황당했겠는가. 잡은 관리는 또 얼마나 어이가 없었으면 그 이유까지 물었겠는가. 그런데 그 사람의 대답을 듣고는 결코 웃을 수만은 없다. 그의 대답이 결코 가볍지 않기 때문이다. 우리 모두 그 대답에서 자유로울 수 없다.

우리는 주식시장에서 수익을 내 부자가 될 생각만 한다. 마치 주변을 살피지 않고 황금만 쳐다보다 손에 움켜쥐고 달아난 제나라 사람처럼 말이다.

주식시장에는 기관투자자도 있고, 작전세력도 있고, 주가가 떨어져야 이익인 사람도 있다. 그들은 결코 우리를 내버려 두지 않는다. 그들이 가져가야 할 돈이 대부분 개미들의 돈이기 때문이다. 황금만 쳐다봐서는 안 된다. 황금 주변에 누가 있는지, 그들이 어떤 생각을 하는지 알아야 한다. 그렇지 않고 황금만 쳐다본다면 우리는 많은 것을 빼앗기고 결국 빈털터리가 되고 말 것이다.

– 열자

取金之時, 不見人, 徒見金.
취 금 지 시 　 불 견 인 　 도 견 금

取	金	之	時	,	不	見	人
,	徒	見	金	.			

7 일반투자자는 수익을 내려고만하지 어떻게 하면 손실이 나는지는 생각지 않는다. ⋯ **73**

8

일반투자자와
큰돈을 가진 부자들의
생각차이

일반 투자자들의 주식 투자금액은 수백만 원에서 억대정도인데 대부분은 1억 미만의 수 천 만 원대입니다.

이들의 매매성향을 보면 단타를 하거나 몇 종목 매수해서 묻어두는 것이 대부분입니다. 목표하는 수익률은 전업투자자의 경우 생활비 이상을 벌고 싶어하고, 묻어두는 사람은 수개월이나 수년 안에 몇 배의 수익률을 기대합니다.

그래서 나타나는 현상들이 매수 후에는 빠르게 수익이 나길 바라고 손실이 난 종목은 차분하게 기다리지 않고 손절 후 다른 종목으로 갈아타는 현상입니다.

또 묻어두는 경우 몰빵을 하고 손실이 커지면 이러지도 저러지도 못하다가 어렵게 돈을 구해서 물타기를 하는 경우도 많이 있습니다.

투자금은 적어도 수익률 만큼은 엄청나게 높게 바라는 것이 대부분인데 시장경제 안에서는 꿈꾸기 어려운 수익률입니다. 한마디로 대박을 노리거나 인생역전을 바라는 경우가 대부분이라 하겠습니다.

하지만 큰돈을 가진 세력들은 어떤 생각을 가지고 있을까요?

큰돈을 가진 사람들은 생활비 조달을 목적으로 하지 않습니다. 그리고 그 돈은 갑자기 부자가 될 목적으로 움직이는 돈도 아닙니다. 단지 큰돈을 이용해서 시간을 길게 투자해서라도 크게 벌고 싶은 것이 목적이라고 할 수 있습니다.

일반투자자들은 연 10% 수익률이면 관심이 없겠지만 큰 부자들은 연 10% 수익률이면 매력있는 수익률입니다. 예를 들어 땅을 산다고 생각을 해 봅시다. 땅을 사는 사람들 대부분은 땅으로 생활비를 벌려는 목적이 아닙니다. 시간을 두고 땅값이 올라 노후자금에 보탬이 되기를 바랄 것입니다.

적은 돈으로 크게 벌고픈 사람들은 적은 돈이 빛의 속도로 불어나 인생역전을 바라는 수준이겠지만 큰 부자들은 크게 투자를 하고 수년 이상의 시간이 걸리더라도 안정적인 수익률을 기대하고 있다는 것입니다.

결국, 적은 돈을 가진 사람들은 빠르게 많이 벌어서 인생 역전 수준을 원하고

큰 부자들은 큰돈으로 수익률이 낮아도 안정적인 수익률을 원한다는 것입니다.

결국, 벌어들이는 양은 수익률하고는 상관없이 큰돈을 가진 부자들이 크게 번다고 봐야겠지요.

그 구조를 주식시장에 대입을 시켜보겠습니다.

적은 돈을 가진 투자자는 우리네 일반 투자자들, 개미일 테고 큰돈을 가진 투자자는 세력이 아니겠습니까?

그렇다면 큰 손이 큰돈을 투입했다 하더라도 그 투자금을 단기간에 뻥튀기해서 단기간에 승부를 보는 경우는 많지 않습니다. 그리고 단기간에 뽑으려고 해도 그렇게 되지 않는 것이 주가를 올리려면 물량확보나 재료의 준비, 일반 투자자들을 털어내는 작업 등 주가 조작에 걸리지 않을 만큼의 치밀한 준비 시간이 필요하기 때문입니다.

쉽게 말하면, 매집을 끝냈다 하더라도 바로 주가를 끌어올리지 않고 땅을 사둔 것처럼 장기간 방치를 할 수도 있고 추가로 물량을 확보하기 위한 노력들을 할 수 있다는 것입니다.

이렇듯 서로 다른 생각 구조를 가지고 있기 때문에 당장 수익을 내려고 달려든다면 원하는 만큼 수익내기가 쉽지 않다는 뜻입니다.

예를 들어보면

매집이 끝난 차트가 있어서 매수를 했다고 칩시다. 그런데 이 종목이 상승을 하지 않고 하락을 하는 것입니다. 하락을 한 후에 아주 오랫동안 상승을 하지 않기에 분석이 잘못되었나 싶어 손절을 하고 나면 주가는 언제 그랬냐는 듯이 큰 대박주가 되는 경우를 많이 봤습니다.

이 과정들을 살펴보면 매집으로 본 것이 정확히 본 것이고, 맞는 것이었지만 상승은 1~2년 이상이 걸리더라도 물량을 더 확보하거나 손절을 충분히 시킨 다음 크게 하는 경우가 많더라는 것입니다.

이런 현상들이 나타나는 이유는 주가가 매집으로 확실하게 보일 때는 거의 신고가 일 때입니다. 신고가일때는 위치상 고점에 해당을 하고 그래서 일단 매수를 해 보지만 물량이 더 필요해서 주가를 하락시킨 다음 추가 매집을 하기도 하고 물량을 새로이 상장시키는 등의 노력을 하는데 그 과정들을 미리 알 수 없고 기다리지 못하니 수익으로 이어지기가 어려운 것입니다.

우리는 매집이면 상승한다라는 생각을 가지고 있지만 큰돈을 가지고 움직이는 세력은 꼭 상승하지 않아도 다른 무엇인가를 더 할 수 있다는 사실을 명심해야 합니다.

중요한 것은 단순히 큰 돈을 벌고 싶은 개인투자자로서만 대처할 것이 아니라, 큰손들은 어떤 심리를 가지고 있을까 한번 생각해 보는 것입니다. 설령 내 판단이 당장 결론이 나지 않더라도 인내하고 기다릴줄도 알아야 한다는 뜻입니다.

돈을 벌고 싶다면 '매집으로 보이면 상승한다'라는 개인 생각은 접어두고 큰돈을 가진 세력들의 마음을 헤아려 보고, 이해하려는 것이 꼭 필요합니다.

[산호님의 처방전]

Q. 일반투자자와 큰돈을 가진 부자들의 생각차이

A. 적은 돈을 가진 사람들은 빠르게 많이 벌어서 인생 역전 수준을 원하고 큰 부자들은 큰돈으로 수익률이 낮아도 안정적인 수익률을 원한다는 것입니다.

결국, 벌어들이는 양은 수익률하고는 상관없이 큰돈을 가진 부자들이 크게 번다고 봐야겠지요. 돈을 벌고 싶다면 큰돈을 가진 세력들의 마음을 알아보고 이해하려는 것이 꼭 필요할 것입니다.

생각을 급히 하지 말라.
급하면 어긋나는 것이 많다.

– 동국이상국집

思之勿遽, 遽則多違.
사 지 물 거 　 거 즉 다 위

思 : **사** 생각 　　**之** : **지** 어조사 　　**勿** : **물** ~말라

遽 : **거** 갑자기 　　**則** : **즉** 곧 　　**多** : **다** 많다

違 : **위** 어기다

이규보의 "동국이상국집"의 '사잠(思箴)'에 있는 글이다.

내가 갑자기 말을 하고 나서 재삼 생각하지 못했던 것을 후회하게 된다. 생각한 뒤에 말을 하였더라면 어찌 욕됨이 따르겠는가? 생각을 급히 하지 말라. 급하면 어긋나는 것이 많다. 생각하되 깊이 생각지 말라. 깊이 생각하면 의심이 많게 된다. 헤아리고 절충하여 세 번 생각하는 것이 가장 알맞다.

이규보는 9살 때 이미 한시(漢詩)를 지을 정도로 학문적으로 뛰어났다. 하지만 그의 문인(文人)으로서의 삶은 순탄치 않았다. 그가 살던 시대가 고려 무신집정기(武臣執政期)였기 때문이다. 그는 과거에 급제하고도 10년을 벼

슬 없이 보내야 했다. 후에 권력자 최충헌의 집에서 시를 짓고 나서야 겨우 벼슬길에 오를 수 있었다. 권력자에게 고개를 숙이고 얻은 벼슬살이였으니 얼마나 조심하고 또 조심했겠는가? 많이 힘들었을 것이다. 그래서 그는 자신의 생각에 대해 글을 남긴다. '급하게 생각하지 말고 생각은 하되 너무 깊게 고민하지 말라.'고 말이다. '3번 정도 생각하고 헤아렸으면 충분하고 괜찮으니 너무 고민하며 힘들어하지 말라.'고 말이다. 그가 얼마나 많은 고민을 하며 최씨 무신정권을 견뎌냈는지 미루어 짐작할 수 있다.

주식을 하다보면 항상 서두르다 손해를 보는 경우가 생긴다. 개인 투자자는 시간과 돈이 많지 않기 때문에 이러한 실수를 하지 않는다는 것은 어려운 일이다. "사기(史記)"에 '前事之不忘, 後事之師也.(전사지불망 후사지사야: 지난 일을 잊지 않는 것이 나중 일의 스승이 될 수 있다.)'라는 말이 있다. 자신이 투자했던 종목별로 매매일지를 작성해보라는 충고를 들었다. 스마트폰의 메모장이 되었든, 연필로 쓴 노트든 말이다. 작성하다보면 수익과 손해가 갈린 포인트에서 내가 어떻게 행동했는지 돌아볼 수 있다고 한다. 충분히 고려할 만한 충고다.

– 동국이상국집

思之勿遽, 遽則多違.

사 지 물 거　　 거 즉 다 위

思	之	勿	遽	,	遽	則	多
違	.						

주식 전문가도
주가의 방향성을 모른다.

어떤 분야건 전문가가 존재하기 마련이고 그 분야에서 본인이 잘 모른다
면 전문가를 믿고 따르는 것이 현명한 방법이 될 수 있습니다. 자신이 모
르는 부분을 채워 줄 것이고 몰라서 낭패를 당하는 것보다 적절한 수수료
를 주면서 전문가의 힘을 빌리는 것이 지혜로울 수 있습니다.

예를 들어 법률적인 자문을 구하거나 부동산 구입을 하거나 세무지식을
얻거나 등의 경우들 말입니다.
법률적인 자문도 법으로 정해진 것이 있고 부동산 구입에도 권리 분석이
나 적법한 절차가 있고 세무적인 부분도 역시 그 분야 전문가의 도움을 받
는다면 전문가가 하는 일처럼 동일하게 일을 할 수 있습니다.

그럼 주식 시장에서도 주식 전문가의 조언이 빛을 발할 수 있을까요? 여
러분 생각은 어떻습니까?
제 의견을 말씀드리자면 다른 분야의 전문가들처럼 같은 효과를 기대하기
는 어렵다고 봅니다. 다른 분야들은 정해진 법칙이나 룰이 있지만 주식 시
장에는 법칙이나 룰이 없습니다.

주어진 조건이 각기 다르고 주가에 영향을 미치는 변수들이 너무나 많고 다양하기 때문에 설령 몇 가지 조건이 일치한다고 해서 모든 종목이 같은 결과를 나타내지는 않기 때문입니다.

설사 보편적인 결과가 있다 치더라도 그 보편적인 결과들을 무시하는 크고 작은 변수들이 있고 투자자들마다 처한 상황들이 다르기 때문에 대응하는 방법도 달라집니다. 때문에 주식 시장에서는 공식처럼 적용되는 룰이 없습니다.

그런 까닭에 주식 전문가들도 모두가 같은 분석을 내놓고 같은 대답을 하는 경우는 드뭅니다. 설사 같은 대답을 하는 쪽이 많다 하더라도 그대로 결론이 나는 것이 아니라 소수의견으로 결론이 나는 경우도 많기 때문에 다른 분야의 전문가들처럼 똑 부러지는 답변을 내놓을 수는 없다고 보면 맞습니다.

우리가 가끔 증권 관련 방송을 보게 되면

어떤 전문가는 상승할 것이라고 말하고 어떤 전문가는 하락 할 것이라고 말합니다. 그들 뿐 아니라 다른 전문가들도 서로 다른 의견들을 말하면서 자기 의견이 맞는 것처럼 말을 합니다. 전문가들 마다 각기 다른 의견을 냈는데, 그 의견들이 모두 맞는 결과가 나올리는 없지 않겠습니까?

두 의견중 하나는 결과론적으로 틀린 의견이 분명합니다.

그뿐만 아니라 특정 종목에 대한 의견을 물어도 전문가들의 대답은 다르게 나타납니다.

그렇다면 여러분이 만난 전문가가 상승할 것이라고 의견을 내면 매수나 홀딩을 하고 하락할 것이라고 의견을 내면 가진 것을 내다 팔거나 매수를 하지 말아야 합니까? 그 전문가들은 전문가들 모두의 의견도 아니고 많고 많은 전문가들 중에 일부 전문가일 뿐인데 그 의견만 듣고 결정을 한다는 것도 문제가 있지 않겠습니까?

설령 소수의견이 아니라 다수 의견이었다 치더라도 소수의견 쪽으로 결과가 나타나는 경우도 많은데 과연 그 의견은 신뢰도가 있을까요?

만약 전문가들의 의견을 따라서 결정을 했다가 틀린 결과가 나오면 의견이 맞아 들어간 전문가로 옮겨 타야 하나요? 만약 옮겨 탔다면 그 전문가 의견은 앞으로도 계속 다 맞을까요?

이렇게 해도 문제가 생기고 저렇게 해도 문제가 생기기 마련인데 가만히 생각해보면 모순이 참 많습니다.

보통의 전문분야에서는 전문가의 의견이 보편적으로 맞을 수 있지만 주식 시장에서는 그렇지 않다는 것을 알아야 합니다.

그리고 주식전문가의 지식이나 정보 분석능력이 전문가들마다 차이도 크게 날 수 있습니다.

잘 못 알고 있을 수도 있고 제대로 알았다 하더라도 놓치고 있는 부분이 더 많을 수도 있습니다.

저 역시도 주식 시장에서 개인투자자들을 지도하고 있지만 제가 아는 것이 전부이고 제가 말한 의견이 무조건 맞는다는 주장은 하지 않습니다.

방대한 주식시장에서 제가 아는 것은 겨우 2%밖에 안 된다고 늘 말을 합니다.

왜냐면 공부하면 할수록 몰랐던 것이 더 많고 앞으로 알아가야 할 것들이 더 많다는 것을 항상 깨닫기 때문입니다.

간혹 주식 전문가들의 역량이 떨어지는 경우도 많습니다.

실제 저에게 주식교육을 받지도 않고 사무직으로 일하던 직원이 주식도 잘 모르는 상태에서 주식 전문가로 활동하며 개인투자자들을 이끌었던 적도 있습니다. 그 황당한 사건을 계기로 주변의 주식전문가들을 돌아보는 계기가 됐지만 제가 모르는 주변에도 이와 유사한 일들이 많을 것으로 짐작합니다.

이처럼 주식 전문가라는 타이틀은 개인투자자들에게 조언을 해주는 정도에 한계가 있다고 생각을 합니다. 그 조언의 한계를 벗어나 맹신을 하거나 의존 비율이 너무 높다면 자신의 소중한 재산을 타인에게 무조건적으로 의지하는 것과 같습니다.

개인투자자의 98%는 투자금을 탕진하고 주식시장을 떠난다고 하는데, 그 개인들 중 일부는 주식전문가들의 말을 지나치게 맹신했기 때문입니다. 이런 폐단이 존재함에도 누군가가 처벌받지 않는 것은 '모든 투자의 책임은 본인에게 있다.' 라는 원칙 때문입니다.

주식 전문가 그들이 말하는 주가의 방향성

절반은 맞고 절반은 틀리다고 생각을 하며 주식 시장은 주식전문가들에 의해서 모순되게 흘러가는 부분이 많다라는 비판적인 생각을 하셔야 합니다.

그들의 얘기는 단지 참고하는 수준에 그쳐야 합니다. 좀 지나치게 얘기하면 그들은 종목 추천하는 것이 직업이기 때문에 불특정 다수에게 무책임하게 추천을 남발할 수 있다는 경계심을 가져야 합니다. 무엇이든 무조건적 맹신은 위험합니다.

[산호님의 처방전]

Q. 주식 전문가도 주가의 방향성을 모른다.

A. 다른 분야들은 정해진 법칙이나 룰이 있지만 주식 시장에는 법칙이나 룰이 없습니다.

그리고 꼭 명심해야 할 것은 주식전문가의 얘기는 단지 조언에 불과하다는 것입니다. 종목 추천하는 것이 직업이고 사업이라서 불특정 다수에게 추천을 남발하고 있음을 아시고 무조건적인 맹신은 위험하다고 생각하시면 됩니다.

남에게 의지하는 것보다
자신에게 의지하는 것이 낫다.

– 한비자

恃 人 不 如 自 恃
시 인 불 여 자 시

恃 : **시** 믿다 　　　**人** : **인** 사람 　　　**不** : **불** 아니다

如 : **여** 같다 　　　**自** : **자** 스스로

"한비자(韓非子)" '외저설우하(外儲說右下)'에 물고기 요리를 너무 좋아했던 재상 이야기가 나온다.

공의휴(公儀休)가 노(魯)나라 재상이 되었는데 물고기 먹는 것을 좋아하자, 온 나라 사람들이 다투어 물고기를 사서 그에게 바쳤다. 공의휴가 받지 않자 그의 제자가 간하며 말했다. "선생님께서는 물고기를 즐겨 드시면서도 받지 않는 것은 무엇 때문입니까?" 공의휴가 대답했다. "바로 물고기를 즐겨 먹기 때문에 받지 않은 것이네. 만일 물고기를 받으면 반드시 비굴한 기색이 있게 되고, 비굴한 기색이 있게 되면 장차 법을 어기게 될 것이며, 법을 어기게 되면 재상자리에서 파면될 것이네. (그리되면) 비록 물고기를 즐겨 먹지만 저들이 내가 먹을 물고기를 바치지도 않을 것이며, 나 또한 물고기를 자급하지 못할 것이네. 만일 물고기를 받지 않으면 재상에서 파면되지 않을 것이니 비록 물고기를 즐겨 먹는다 하더라도 나는 오래도록 자급할 수 있을 것이네." 이것은 남에게 의지하는 것이 자신에게 의지하는 것만 못함을 밝힌 것이다.

공의휴는 뇌물로 건넨 물고기를 받지 않았다. 자신이 너무나 좋아하는 물고기였지만 받지 않았다. 한 번 받으면 두 번 받게 되고, 두 번 받으면 계속 받을 것이며, 그렇게 되면 뇌물을 건넨 누군가에 끌려 다녀 결국 자신이 망가질지 알았기 때문이다.

주식하면서 자신이 가장 어리석다고 느낄 때가 언제인가? 다른 사람 말만 철석같이 믿고 가지고 있던 모든 돈을 투자했다가 큰 손해를 봤을 때일 것이다. 날려버린 돈은 돌아오지 않고, 어디 하소연할 곳도 없다. 그 이후 생각한다. 다른 사람 말을 참고는 하되, 내 돈에 대한 투자 결정은 내가 한다고 말이다.

– 한비자

恃 人 不 如 自 恃
시 인 불 여 자 시

恃	人	不	如	自	恃		

02

투자금은 가족의 행복과 미래

1 주식인의 투자금이란? 2 투자금을 다른 이에게 빌려 오는 것은? 3 어디엔가 써야 할 돈을 단기간 투자하고 빼려다 손실이 났을 때

1

주식인의
투자금이란?

주식인의 투자금은 현금입니다.

투자금이 현금이 아닌 게 있겠습니까마는 재산의 종류를 봤을 때 최고의 활용가치를 가지고 있다는 뜻 입니다.

재산은 부동산도 되고 현금도 될 수 있습니다. 눈에 보이지 않는 인맥도 될 수가 있으며 자신이 위치한 자리도 될 수 있고, 재능도 될 수 있으며 온갖 것이 재산이 될 수도 있습니다.

그중에서 가장 높은 활용가치가 있고 가장 우선순위에 드는 것 중의 하나가 현금입니다.

그 현금은 그냥 뚝딱 하고 만들어진 것이 아니라 그동안 살아온 삶의 결실입니다. 이 투자금을 만들기 위해서 저축을 했을 것이고, 저축이 아니더라도 은행 대출을 받았거나 지인으로부터 빌리거나 하는 등의 다양한 노력이 들어갔을 겁니다. 대출이나 지인으로 빌린 돈 마저도 그동안 본인이 살아온 노력이 있었기에 만들어진 자금입니다. 또 어떤방법으로 투자금이 만들어졌건 간에 노력의 결실이 현금으로 된 것이 분명합니다.

그렇다면 주식인의 투자금이라는 것은 어느 정도를 투자하느냐에 따라 다르겠지만 자신이 살아온 결실의 일부를 투자하는 것과 같습니다. '살아온 결실을 투자하는 것이 주식인의 투자금이다,' 이렇게 생각할 수 있습니다. 또 투자금은 자신과 자신의 가족은 물론 주변인들의 행복과도 연결되어 있습니다.

가장이 경제력이 충분하다면 그 가족은 경제력을 통해서 이룰 수 있는 행복은 가지고 있다고 볼 수 있습니다.

예를 들어 동창회나 가족모임, 여행, 지인들과 식사자리, 취미생활, 문화생활 등등 이런 것들은 경제력이 바탕이 되지 않으면 소극적이 될 수밖에 없는 것들입니다. 경제력이 바탕이 돼야 가족 구성원들 모두가 누릴 수 있는 행복이라고 할 수 있습니다.

때문에 경제력의 일부인 투자금은 나를 중심으로 한 가족 모두의 행복이 걸린 것이라 할 수 있습니다.

만약 투자를 통해 그 재산을 몽땅 잃어버리게 되면 가족 구성원 모두가 누려왔던 행복과 현재와 미래의 행복이 같이 사라지는 것이라 할 수 있습니다. 물론 지나간 과거의 행복은 누렸으니 사라지기야 하겠습니까마는 현재가 불행해 진다면 행복했던 과거 역시 한낱 일장춘몽에 불과할 것입니다.

그렇기 때문에 주식인의 투자금이란 그동안 살아온 삶을 걸고 하는 것이기도 하지만 현재를 살아가는 행복을 건 투자라고 할 수 있습니다.

거기다가 주식인의 투자금이란 다가올 미래를 걸고 있기도 합니다.

주식투자를 할 돈으로 자기계발을 하거나 노후 준비를 하거나 아니면 다른 투자를 할 수도 있었지요. 상가에 투자해 월세를 받거나 땅을 사서 시세차익을 노리거나 아니면 다른 사업을 할 수도 있었지요, 그것도 아니라면 그냥 금고에 넣어 둘 수도 있었습니다.

그렇다면 사라지지 않을 재산이 되는 것이고 조금씩 불릴 수도 있었고, 또 불리지는 않더라도 행복 유지는 시킬 수 있는 돈입니다.

그런데 그 투자금으로 주식을해서 모두 잃게 된다면 유지되던 행복이나 앞으로 누릴 행복들은 사라진다는 것입니다.
'주식인의 투자금이란 지나온 과거도 걸렸고 현재도 걸렸으며 미래도 걸린 것이다.'라고 정리할 수 있습니다.
안타까운 얘기지만
'돈이 많으면 없던 행복도 생기고 돈이 없으면 있던 행복도 달아난다' 는 것이 현대 자본주의 사회 원리입니다.
그래서 여러분의 투자금은 여러분이 살아온 과거와 현재가 걸렸고 앞으로 살아갈 미래도 걸렸다, 나만 그런 것이 아니라 내주변 내가 사랑하는 사람들의 행복도 같이 걸린 것이다, 라는 생각을 해야 하고 그렇기 때문에 얼마를 투자해서 얼마를 벌겠다는 마음도 중요하지만, 투자를 하는 것만큼 행복도 날아갈 수 있다는 생각을 해야 합니다.

여기서 잠깐 제 얘길 조금 말씀 드릴까요?
주식으로 모든 것을 잃었을 때 제가 사는 집은 보증금 천만 원에 월세 40만 원짜리 집이었습니다.
마이너스통장 잔고가 -1970만 원이었고 저의 재산은 이미 마이너스였습니다.
주식이란 것을 만나 차례대로 잃고 나니 그동안 살아온 과거가 주마등처럼 스쳐 지나갔습니다.
친척 집에서 자란 과거나

취직 후 회사 지하실 바닥에 박스를 깔고 자면서 시작한 사회생활이나 회사생활, 신문배달, 노점상까지 3가지를 동시에 했던 것이나 성공하고자 연애 한 번 제대로 안 해보고 지나온 젊은 시절 고향 친구들이 놀러 와도 술 한 잔 못 사주고 왕따 당한 기억들이나 그렇게 달려온 결실들이 35세가 되어서 주식 때문에 모두가 무너졌고 이렇게 빈털터리가 된 이상 대충 살아야겠다, 어차피 빈손으로 왔다 빈손으로 떠날걸 왜 그리 아등바등 살아야 하는 자괴감도 들었습니다.

그러고 나니...

주식으로 스스로 목숨을 끊는 사람들이 이해가 되더라고요.

주식이 그랬습니다.

내가 얼마나 힘든 과정을 헤치고 나왔는지도 아무 의미가 없었고 지나온 모든 것을 걸었을 때의 결과는 열심히 살아온 모든 것들을 물거품처럼 사라지게 만들더라는 것입니다. 그럴 바엔 열심히 살지 말고 대충 즐기면서 살아도 어차피 빈털터리였을 것을 하는 후회도 했습니다.

또 나이 들어서 처음부터 시작해야하는 것이 너무나 억울했고 나이든 후에 취직은 더 힘들었으며 겨우 할 수 있었던 일은 시장의 생선가게 점원이었습니다.

그런 우여곡절을 겪으며 현재의 위치까지 다시 일어나긴 했습니다만 능력도 안 되면서 모든 것을 걸었을 때 찾아오는 휴유증은 회복불가일 경우도 있다고 할 수 있습니다.

여러분이 투자하는 그 돈은 지나온 과거와 현재가 걸려있고 앞으로 살아갈 미래를 걸고 있다는 것, 그리고 나를 중심으로 내가 사랑하는 모든 것들이 걸렸다는 비장한 각오를 해야 합니다.

이처럼 많은 것이 걸려 있는데 여러분의 투자금

처음부터 가진 것을 모두 걸어야 되겠습니까? 아니면 부담 없는 금액을 걸어서 안정적인 수익이 나올 때 그때 투자금을 늘려야 되겠습니까?

여러분의 투자금은 단순히 돈만 날리는 것이 아니라 여러분이 사랑하는 모든 것들과 지나온 삶과 현재 그리고 미래까지 걸린 아주 위험한 도박이라는 것을 꼭 명심하시기 바랍니다.

[산호님의 처방전]

Q. 주식인의 투자금이란?

A. 여러분이 투자하는 그 돈은 지나온 과거와 현재, 그리고 앞으로 살아갈 미래가 걸려있습니다.

투자금에 여러분이 사랑하는 모든 것들이 걸려있고, 주식이란 지나온 삶과 현재, 그리고 미래까지 걸린 아주 위험한 도박이라는 것을 꼭 명심하시기 바랍니다.

[시봉님의 고전 속 명언 노트]

불을 빌리는 것은
부싯돌을 가지고 있는 것만 못하다.

– 회남자

乞火不若取燧
걸   화   불   약   취   수

乞: 걸 빌다   **火**: 화 불   **不**: 불 아니다

若: 약 같다   **取**: 취 취하다   **燧**: 수 부싯돌

"회남자(淮南子)"의 '남명훈' 편에 있는 글이다.

예(羿)는 불사약을 서왕모에게 얻었지만 그의 아내 항아가 훔쳐서 달나라로 가버리자, 망연자실하기만 하고 어찌할지 몰랐다. 어째서인가? 그는 불사약을 만드는 방법을 몰랐기 때문이다. 그러므로 불을 빌리는 것은 부싯돌을 가지고 있는 것만 못하고, 남의 우물에서 물을 긷는 것은 제 우물을 파느니만 못하다.

글에 등장하는 예와 항아는 중국 신화에 나온다.

하늘에 갑자기 열 개의 태양이 떴다. 태양은 천제(天帝)의 아들로 모두 10명이었는데 장난으로 하루에 다 같이 하늘로 나와 버린다. 세상은 타들어 갔고 요임금은 하늘에 간절히 기도한다. 이에 천제는 명궁 예(羿)에게 일을

맡긴다. 예는 하늘에 뜬 태양에 대고 화살을 쏴 차례대로 떨어뜨렸다. 요임금은 태양이 모두 떨어지면 세상이 암흑으로 덮일 것을 걱정해 화살을 하나 숨겼고 예는 하나의 태양을 쏠 수 없었다. 그 후로는 하늘에 하나의 태양만 남게 되었다고 한다. 천제는 불같이 화를 냈다. 장난 좀 쳤기로서니 자신의 아들 9명이나 쏘아 죽였으니 말이다. 예는 인간으로 강등되어 지상으로 내려온다. 그의 아내 항아도 함께 내려온다. 항아는 인간의 삶을 못견뎌하고 슬퍼한다. 예는 사랑하는 아내를 위해 온갖 고초를 겪으며 불사약을 가지고 있다는 서왕모에게 가서 두 알을 얻어 온다. 불사약은 한 알을 먹으면 영원히 죽지 않고, 두 알을 먹으면 하늘나라로 올라갈 수 있었다. 예는 사랑하는 아내와 한 알씩 나눠 먹고 영원히 함께 살고자 했다. 하지만 항아는 예가 잠든 사이 혼자서 두 알을 모두 먹고 하늘나라로 올라간다. 항아는 혼자서라도 하늘나라에서 살고 싶어 했다. 천제는 그녀의 행동이 괘씸해 두꺼비로 만들어 달에 가둔다. 달을 보면 두꺼비 등과 같이 울퉁불퉁해 보이는 것은 이 때문이라고 한다.

예(羿)는 모든 것을 잃었다. 사랑하는 아내와 불사(不死)의 몸, 그리고 꿈꾸었던 행복한 삶까지 말이다. 예가 만약 서왕모에게 불사약을 받지 않고, 불사약 만드는 법을 배워왔다면 어땠을까? 아마 다른 삶이 그를 기다리고 있었을 것이다.

– 회남자

乞火不若取燧

걸　화　불　약　취　수

乞 火 不 若 取 燧

투자금을
다른 이에게 빌려 오는 것은?

앞서 설명처럼 투자금이란 살아온 과거와 현재 그리고 미래가 걸린 결정체입니다. 그 결정체를 날려버렸다는 것은 본인이 살아온 모든 것을 걸었고 할 수 있는 최선을 다해 싸웠지만 패배를 했다는 의미입니다. 거칠게 표현하면 주식시장에서 패배자가 되었다, 이렇게 볼 수 있는데요, 그 상태에서 다른 변화나 발전 없이는 다시 싸우더라도 지속적인 패배자가 될 수밖에 없습니다.

패배를 했다면 그 원인을 찾고 반성을 해서 이길 수 있을 때 도전이 의미가 있지 않겠습니까?

그런데 자신의 모든 것을 걸었던 싸움에서 지고 지속적인 패배를 할 수밖에 없는 상황에서 다른 이의 투자금으로 싸우겠다는 것은 자신의 역량으로는 되지도 않는 싸움에 다른 사람의 행복을 판돈삼아 싸우겠다는 것입니다. 자신의 행복도 중요하다면 타인의 행복도 중요하지 않겠습니까?

개인투자자의 성공확률은 2% 미만이라고 합니다. 입장을 바꿔서 2% 미만의 승률을 가진 사람이 여러분에게 투자를 해달라 그러면 흔쾌히 해 줄 수 있겠습니까? 여러분이 바보가 아닌 이상 투자를 하고 싶은 마음은 없을 것입니다. 그럼 여러분이 해주기 싫어하는 투자를 왜 다른 이에게 해 달라고 요구할까요?

여러분이 돈을 빌리는 입장이건 아니면 빌려주는 입장이 됐건 간에 돈 빌리면서 말은 이렇게 할 수 있습니다. 이번엔 확실하다, 이번엔 예전과 다르다 잘 할 수 있다, 무엇무엇 때문에 그리 됐는데 이제는 그런 일 없을 거다, 우리사이가 그거밖에 안되나? 형제지간에 이럴 수 있나? 엄마 아빠가 나한테 해 준 게 뭐있냐? 등등 이런 말들이 오가지 않겠습니까?

그 어떤 말들이 오간다 하더라도 그 말들로 인해서 승률이 더 높아지진 않습니다.

그렇게 해서 여러분이 투자를 받았다고 칩시다. 그러면 2% 승률을 보고 투자를 해준 사람의 가족들은 어떤 상태가 되는 것입니까?

겨우 2% 승률에 투자자와 그 가족들이 행복을 걸고 있다면 그것이 정상입니까? 여러분이 타인과 그 가족의 행복을 짊어지고 있다는 것이 정상일까요?

여러분은 2%의 승률로 여러분 가족의 행복을 남에게 맡기겠습니까?

돈을 빌려오던 빌려주던 무엇이라도 비정상적인 일입니다.

또 돈을 빌리는 과정에서 인간적으로 서로 마음이 상하는 건 어떨까요?

투자금을 구하기 위해 지인에게 손을 벌리는 순간

돈을 빌려주고 행복을 걸든지 아니면 나랑 의가 상해서 사이가 멀어지든지 둘 중에 하나를 선택하라는 통보와도 같지 않습니까?

돈 빌려 달라는데 돈을 안 빌려주면 서로 마음을 다칠 수밖에 없습니다. 적당히 모르는 사이라면 '돈이 없어서 못 빌려 준다.' 이렇게 할 수 있지만 그런 게 아니라 부모님한테 손을 벌리거나 형제에게 손을 벌린다면 재산 사정을 너무 잘 알기 때문에 요구를 한다면 거절하기도 쉽지가 않습니다.

집을 담보로 빌려 달라거나 부동산이 있으니 그걸 팔아서 달라거나 한다면 곤란 해 질 수 밖에 없습니다.

노후준비 하느라 마련해둔 집이거니 부동산이라면 나이든 부모들의 최후의 보루인데 살아온 모든 것을 걸어 달라는 것인데, 겨우 2% 승률로 그런 일이 있어서 되겠습니까? 그렇기 때문에 부모형제간에도 마음이 상하고 다툼이 일어나는 것입니다.

또 여러분이 누군가에게 손을 벌리는 순간 살아오면서 쌓은 신뢰는 균열이 가기 시작합니다. 자꾸 손을 벌리는 지인이 있다면 여러분은 그 지인을 좋게 볼 수 있습니까? 돈 빌려 달라고 지인이 자꾸 요구를 한다면 여러분도 그 지인의 연락을 받기 싫을 테고 멀리하고 싶을 것입니다.

설령 어렵사리 지인으로부터 돈을 구했다 치더라도 또 잃고 또 구하고를 반복하다보면 그 상황은 양치기 소년과 다를 바가 없습니다. 실력이 없을 때 남의 돈 자꾸 끌어 쓰다가 진짜 실력이 가다듬어 졌을 때는 정말 필요한 투자금을 못 구할 수 있습니다.

싸우면 이길 수 있는 순간까지 진검 승부를 피하고, 잃어도 상관없고 적당히 긴장감을 가질 수 있는 돈으로 꾸준히 공부하다보면 지속적으로 이기는 순간이 올 것이고 그때서야 투자금을 조금씩 늘리는 것이 바람직합니다.

저의 제자 중에 꾸준히 공부를 몇 년째 해 오던 분이 계신데 사업하시다 재기를 준비 중이셨고 그 기간 중에 주식공부를 하셨습니다. 그분은 1만 원으로 5백만 원을 만드셨다고 합니다. 이후 가게를 차리셔서 사업에 열중하신다고 합니다만 그 정도 수익률을 올린다면 주변 누구라도 투자를 하고 싶지 않겠습니까?

주식투자는 투자금이 문제가 아니라 수익을 올릴 수 있는 실력이 우선입니다. 실력이 우선되지 않는다면 투자금은 물에 빠진 소금자루와 같습니다. 혹여 손실이 지속중인 상황에 다른 이의 투자금을 운영 중이라면 부족한 상태라도 그대로 돌려주고 이해를 구하는 것이 바람직합니다. 그래야만 신뢰 균열을 멈추게 할 수 있고 더 불어나는 손실에 브레이크를 걸 수가 있습니다. 아울러 불어나는 여러분의 빚을 막을 수 있고 나중에 실력이 되어서는 다시 가져다 쓸 수 있는 소중한 투자금이 됩니다.

또 투자금을 빌리다가 못 빌리게 되면 안 빌려주는 지인을 탓하지 말고 나의 빚이 늘어나는 것을 막았다라는 다른 해석과 마음가짐이 필요하며 내 빚이 늘어나는 것을 멈추게 해준 고마운 사람이란 생각을 하시면 정신 건강에도 좋습니다.

저도 누군가에게 돈을 빌려 준적이 있습니다.
중학교 동네친구이긴 한데 그다지 가까운 사이는 아니었습니다. 어느 날 전화가 와서 허리가 아프다며 수술비가 필요하다고 천만 원을 빌려 달라길래 사실 돈 빌려줄 정도로 가까운 사이도 아니고 또 그냥 줘도 될 친구도 아니라서 고민 고민 하다가 절반인 5백만 원만 빌려준 적이 있습니다.

아예 안 빌려주면 서운하다고 할 것이고 또 사람사이 좋은 게 좋다고 다 빌려주자니 천만 원이 허공에 사라져 버릴 거 같고 그래서 고민 끝에 오백만원을 빌려준 것이었습니다.

몇 년이 지나도 아직 못 받고 있습니다만 시골 내려가서 친구들 만나보니 대부분 빌려서 안 갚고 있었습니다.

그다지 가까운 사이도 아닌 나에게까지 돈을 빌려 달라는 얘기가 나왔으니 가까운 친구들은 벌써 다 빌려 썼을 테고, 그 이후에 후순위인 저에게까지 돈을 빌린 거겠지요.

그 일을 계기로 오백만원에 대해서 깊이 생각 해 본적이 있습니다.

오백만원은 어떤 돈일까.

내가 가까운 내 사람에게, 내가 사랑하는 사람에게 또는 아버님이나 어머님께 아니면 형님이나 형수, 조카들한테 필요한데 쓰라고 돈 5백만 원을 줘 본적은 있는가?

생각해보니 그런 적이 없었습니다.

내가 사랑하는 사람에게도 5백만 원을 선물 해 본 적이 없는데 가깝지도 않은 친구에게 오백만원을 빌려주고 받지도 못하고 있다는 것은 문제가 있어 보였습니다. 그래서 '아, 이 돈은 꼭 받아야 하는 돈이구나!'라고 생각하게 되었습니다. 또 어쩌면 천만 원 떼일 것을 5백만 원만 떼이고 오백만원은 남았으니 남은 오백만원으로 지인들한테 평소에 인심을 후하게 써야겠다 싶었습니다.

오백만 원치 인심을 후하게 쓴다면 내 편이 얼마나 많아지겠습니까?

이 얘길 늘어놓다 보니 떠오르는 얘기가 있는데 그 친구가 옛날에 직장 동료와 함께 1만원치 주식을 각기 사서 수익률 싸움을 하고 진 사람이 밥을 사기로 했다는 얘기가 떠오릅니다.

오래전부터 주식 판에 발을 담그고 있었으니 주식으로 돈을 모두 날리지 않았나 짐작해 봅니다.

쟈 그러면 여기서 생각할 것은 여러분이 빌린 지인의 돈은
그 지인이 사랑하는 사람들에게 그 만큼 베풀었을 거라 생각하십니까?
여러분이 빌리는 그 돈은 자기가 사랑하는 사람들한테 줘 본적도 없는 돈
일 수 있습니다. 그렇게 아끼고 아낀 타인의 재산을 빌려서 날리면 그것은
정말 나쁜 일이라 생각합니다.

주식인의 투자금은 정말 중요합니다.
과거 현재 미래가 걸린 모든 것이고 꾸준한 수익 없이 투자금을 늘리거나
타인의 재산을 가져온다면 그것은 본인이나 타인이나 모두를 불행하게 하
는 시작일 뿐입니다. 실력을 가다듬은 후에 상대가 투자 하고 싶도록 만드
는 것을 목표로 하셔야하고 또 그만큼 실력이 가다듬어진다면 타인의 투
자금 따위는 불필요해 질 것입니다.

[산호님의 처방전]

Q. 투자금을 다른 이에게 빌려 오는 것은?

A. 주식투자는 투자금이 문제가 아니라 수익을 올릴 수 있는 실력이 우선
입니다.

실력이 우선되지 않는다면 투자금은 물에 빠진 소금자루와 같습니다.

술은 따라 두십시오.
내 갔다가 금방 오겠습니다.

— 삼국지연의

酒且斟下, 某去便來.
주 차 짐 하 모 거 변 래

酒 : 주 술　　　　　且 : 차 잠시　　　　斟 : 짐 술따르다

下 : 하 아래　　　　某 : 모 아무　　　　去 : 거 가다

便 : 변 곧　　　　　來 : 래 오다　　　　※ 某(모) '자신'의 겸칭

나관중이 쓴 '삼국지연의(三國志演義)'에 보면 조조가 권하는 술잔을 받지 않고 전장으로 향하는 관우(關羽)이야기가 나온다.

한(漢)나라 말기 동탁의 전횡에 맞서 원소를 맹주로 연합군이 결성됐다. 연합군은 사수관에서 동탁군과 일전을 벌이지만 화웅 이라는 장수를 만나 고전을 면치 못한다. 모두가 누구를 내보내 화웅과 대적할지 고민하자, 관우가 자신의 목을 걸고 싸울 기회를 청한다. 원소가 그의 직책을 묻는다. 공손찬이 유비의 마궁수라고 답한다. 이에 원술은 버럭 화를 내며, "감히 궁수 따위가 여기가 어디라고 함부로 지껄이느냐!"라며 면박을 준다. 하지만 조조는 관우의 당찬 모습과 의지를 높이 사, 화웅과 싸울 기회를 만들어 준다.

조조는 말에 오른 관우에게 따뜻한 술 한 잔을 권한다. 관우가 말한

다. "술은 잠시 따라 두십시오. 내 갔다 금방 오겠습니다." 관우가 전
장에서 돌아왔을 때, 그의 손에는 화웅의 목이 들려있었고 술잔의 술
은 아직 식지 않았다고 한다.

조조는 전장으로 나가는 관우를 안타깝게 여겨 세상 마지막이 될지도 모
를 술 한 잔을 권한다. 하지만 관우는 그 술을 받아 마시지 않는다. 당당히
적장의 목을 베어 자신의 실력을 인정받은 후 그 술을 마시리라는 의지를
내비친 것이다. 관우는 그 약속을 지킨다. 이후 조조는 관우의 실력과 덕
을 흠모하여 온갖 노력을 다해 그를 곁에 두려한다. 여포가 죽고 얻은 적
토마를 관우에게 준 사람도 바로 조조다.

마궁수로 전장에 나선 관우의 행동을 명심하자. 사탕발림이나 협박(?)에
가까운 말로 가족, 친지, 지인들에게 투자금을 모으기보다, 지금은 자신의
실력을 묵묵히 키우고 입증해야할 때이다.

– 삼국지연의

酒且斟下，某去便來.
주 차 짐 하 모 거 변 래

酒	且	斟	下	,	某	去	便
來	.						

2

어디엔가 써야 할 돈을
단기간 투자하고 빼려다
손실이 났을 때

주식을 하면서 다양한 사연의 사람들로부터 상담을 받습니다.

그중 특히 안타까운 사연은 급하게 써야 할 돈을 주식에 투자했다가 손실이 너무 커져서 손절도 못하고 어떻게 해야 할지 막막해서 상담을 해 오는 경우입니다. 그럴 때 사실 제가 해 드릴 수 있는 것은 하나도 없습니다.

제 업무의 제약 상 1대1 상담을 할 수도 없고, 해서도 안 되기 때문인데 설령 제 의견을 드릴 수 있다고 치더라도 주가의 방향은 제 의견과 다르게 나타나는 경우도 많으므로 섣불리 예측하고 대답해 줄 수가 없습니다. 지금이라도 손실 보고 파는 게 좋겠다고 말했다가 크게 올라버리면 그 원망을 어찌 감당하겠습니까? 또 반대로 가지고 있어라~ 했는데 상장폐지라도 되면 그 업보는 또 어떻게 하겠습니까? 거대 자본과 변동성이 심한 국제정세와 경제에 있어서는 저도 힘없는 개미에 불과하기에 어찌 모두를 다 알 수 있겠습니까?

또 그 사람의 투자금이 얼마나 소중한 돈인지 알기 때문에 말 한마디가 조심스럽지요.

이런 상담을 해오는 분들의 특징은 투자금이 여유자금이 아니라 빚이라는 것입니다. 여유자금을 투자하는 사람들은 그 돈이 특별히 쓰일 곳이 있는 것도 아니고 또 없어도 살아가는데 큰 지장이 없는 돈입니다. 그렇기 때문에 투자했다가 손실을 봤다 치더라도 대부분은 좋은 경험했다고 생각하거나 그냥 손해 봤다, 다시는 안 한다 뭐 이런 식으로 마무리되는 경우가 많습니다.

그런데 여유자금이 아니라 전세자금을 뺀 돈이거나 대출 등 여려 형태의 빚을 낸 것이라면 반드시 회수되어야 할 돈이고 갚아야 할 돈이기 때문에 그 쓰임새가 분명히 정해진 돈입니다. 그것은 여유자금과는 전혀 다른 압박감을 줍니다. 그 돈은 손실을 봤다고 끝나는 것이 아니라 쓰임새에 맞도록 쓰여야 할 돈이기 때문에 어디에선가 새로이 구해서 갚아야 합니다. 첫 번째 빚도 갚아야 할 돈인데 그 빚을 갚으려 또 빚을 얻으려 하니 그 압박감이 몇 배 이상으로 커지는 것입니다.
조금 거칠게 표현하자면 은행에 가서 대출받고 그 돈 인출해서 불에 태워버린 것과 전혀 다를 바가 없습니다.

여유자금으로 손실을 본 사람은 그 돈이 없어도 살아가는데 큰 지장이 없기 때문에 절박함이 덜하고 압박감이 적어서 상담 요청을 잘 하지 않습니다. 하지만 쓰임새가 정해져 있던 돈은 반드시 회수해서 쓰여야 할 돈이기 때문에 상담도 하고 여기저기 물어보고 안절부절 못하게 되는 것입니다. 간혹 수익이 나는 중인데 어디에 팔까? 하고 물어보는 분이 있긴 합니다만 아주 소수라고 할 수 있습니다.

빚이나 급전은 정해진 기간 안에 반드시 갚아야 할 돈입니다. 하지만 주가는 우리가 원하는 기간 안에 원하는 방향으로 움직여줘서 그 결과를 돌려주는 것이 아닙니다.

욕심을 줄이고 몇 달 안에 조금만 수익보고 나오지~ 하고 들어가면 몇 달안에 상승 방향으로 움직이는 것이 아니라 하락으로 방향을 잡을 수도 있습니다. 하락으로 방향을 잡으면 1년이 아니라 수년이 걸려도 못 올라오는 경우도 있고 감자나 상장폐지를 당하기도 합니다.

주가는 크게 3가지 방향이 있는데 상승, 하락, 횡보가 있습니다. 이 중에 상승에 걸릴 확률은 33%겠지만, 기간이 얼마나 걸릴 줄 모른다는 변수를 넣어보면 그 확률은 33% 이하로 급격히 떨어지게 됩니다. 또 그 변수들은 '기간' 한 가지만 있는 게 아니라 훨씬 더 많고 다양하기 때문에 상승할 확률은 더 많이 떨어진다고 보는 게 맞습니다.

가끔 급전을 투자해서 수익을 얻겠다고 하는 분들을 보면 로또만큼이나 또는 그보다 더 큰 행운을 바라는구나! 라고 느낄 때가 있습니다.

로또가 소액으로 조금 사서 크게 한 방 먹으려는 것이라고 보면 아주 낮은 확률에 도전하는 것이라 할 수 있고 소액이기 때문에 날려도 그만이라고 생각합니다. 실제로 우리가 로또를 사서 1등이 되지 않더라도 큰 상실감이나 패배의식은 가지지 않습니다.

하지만 주식은 소액으로 투자하는 것이 아니라 살아온 삶과 살아갈 삶을 걸고 도전하는 것이라고 보면 원하는 결과를 얻기에는 아주 낮은 확률이고 그 대가는 너무나 크다고 할 수 있습니다.

주식을 처음 접하면서 만난 친구가 있는데 집 두 채와 고급 승용차를 날리고 나서 본업으로 돌아간 친구가 있었습니다. 본래의 직업으로 돌아가 겨우 다시 자리를 잡고는 결혼 날짜를 잡아둔 상황에서 준비해둔 결혼 자금으로 어떤 종목을 샀다고 하는 겁니다. 잠깐 그 돈을 불리고 싶었나 본데 제가 이렇게 얘길 해 줬습니다.

"늦은 나이에 주식판에 뛰어들었다가 집도 두 채 날리고 지금 겨우 자리 잡고 결혼할 사람도 생겼는데 어렵게 모은 돈을 주식으로 또 날리면 결혼에 성공할수 있겠는가? 배우자 될 사람은 자네가 그런 식으로 돈을 날려도 끝없이 믿고 기다리고 자네를 책임져 줄 것 같은가? 도대체 무슨 생각으로 결혼자금을 주식판에 넣었는가? 또다시 패가망신하고 모든 걸 잃지 않으려면 당장 돈을 빼게~"

결국 그 친구는 돈을 잃지 않고 자금을 회수하고 결혼도 하고 예쁜 딸도 낳았습니다. 가끔 SNS에 올라온 딸 사진을 보면 그때 내가 그 말을 잘 해 줬었지 하는 생각에 흐뭇합니다.

이처럼 돈은 그 쓰임새가 정해진 곳이 있습니다. 그 쓰임새를 무시하고 주식투자로 날려버리게 된다면 그 쓰임새의 역할을 못 하게 되고 그 결과는 참담해질 수밖에 없습니다.
설사 성공적으로 돈을 부풀렸더라도 그 재미에 들려서 더 큰돈을 유용하게 되고 그러다 사고가 터지게 되면 더 걷잡을 수 없는 결과를 가져올 수 있습니다.

주식투자는 급전이나 빚으로 하는 것이 아니라 여유자금이나 적당히 긴장감을 가질 수 있는 금액으로 꾸준히 수익이 날 때까지 공부하며 부딪치는 것이 맞습니다. 단기간에 수익을 보고 빠지겠다는 생각은 로또 같은 확률에 로또를 사는 수천 수만 배 이상의 돈을 투입하는 것과 같습니다. 정말 실력이 갖추어졌을 때 막상 돈이 없으면 곤란하지 않겠습니까? 소액으로 몇 번이고 잃었다 하더라도 정말 투자해야 할 시기에 쓸 수 있는 투자금을 지킨다면 훗날 실력을 갖추었을 때 여러분의 남은 생을 아름답게 할 밑천이 될 것입니다.

[산호님의 처방전]

Q. 어디엔가 써야 할 돈을 단기간 투자하고 빼려다 손실이 났을 때

A. 누구도 그 돈을 빼라 넣어라 조언할 수 없다. 본인이 선택해야 한다.

무엇보다 중요한 것은 주식투자는 급전이나 빚으로 하는 것이 아니라 여유자금이나 적당히 긴장감을 가질 수 있는 금액으로 꾸준히 수익이 날 때까지 공부하며 부딪치는 것이 맞습니다.

울지 못하는 놈을
잡아라.

- 장자

殺 不 能 鳴 者
살   불   능   명   자

殺 : 살 죽이다   不 : 불 아니다   能 : 능 능하다

鳴 : 명 울다   者 : 자 ~것

"장자(莊子)"의 '산수(山水)'편을 보면 우는 거위와 울지 못하는 거위 이야기가 나온다.

장자가 산 속을 가다가 큰 나무를 보았는데 가지와 잎이 무성한데도 벌목하는 자가 그 곁에 머무르고도 베지 않았다. 그 까닭을 물으니 (벌목하는 자가) 말했다. "쓸모가 없습니다." 장자가 말했다. "이 나무는 재목이 되지 못한 까닭에 그 천수를 마칠 수 있구나." 선생이 산에서 내려와 친구 집에 머무니, 친구가 기뻐하여 동자에게 거위를 잡아 삶도록 하였다. 동자가 청하여 물었다. "그 한 마리는 잘 울고, 그 한 마리는 울지 못합니다. 어떤 놈을 잡을까요?" 주인이 말했다. "울지 못하는 놈으로 잡아라."

다음날 제자가 장자에게 물었다. "어제 산속의 나무는 재목이 되지 못한 까닭에 그 천수를 누릴 수 있었고, 지금 주인의 거위는 재능이 없기 때문에 죽임을 당했습니다. 선생님께서는 어느 쪽을 택하시겠습니까?" 장자가 웃으며 말했다. "나는 장차 재주와 재주 없음 그 사이를 택하겠다."

나무는 쓸모가 없어서 살았고, 거위는 울지 못해 죽었다. 나무와 거위의 재주가 있고 없음은 그대로인데 처한 상황에 따라 살고 죽은 것이다. 우리도 마찬가지다. 급전이나 빚을 얻어 투자한 돈이 묶인 처지에는 변화가 없지만 시장의 상황이 어떠하냐에 따라 죽을 수도 살 수도 있다. 그러면 시장 상황만 정확하게 예측하면 살 방법이 있을 수도 있다는 말인데, 어느누가 그것을 정확하게 예측하고 단정 지을 수 있겠는가? 저 현자라는 장자도 제자의 질문에 머쓱하게 웃으며 둘 사이에서 어떻게 해서든 줄타기를 잘해 살아남겠다고 하지 않는가? 어쩌면 성의 없어 보이는 저 장자의 대답이 현재 우리가 할 수 있는 최선의 답인지도 모른다.

- 장자

殺 不 能 鳴 者
살　불　능　명　자

殺	不	能	鳴	者			

03
주변의 말과 시선에 대처하는 자세

1 주식투자에 있어 남의 말을 듣는다는 것은? 2 주변 사람으로부터 좋은 종목을 소개받는다면? 3 주식 얘기를 여기저기 하고 다니는 것은? 4 주가의 방향성을 가지고 상방향이다 아니다 갑론을박 하는 것은? 5 가족과 주변 지인들의 차가운 시선은?

1

주식투자에 있어
남의 말을 듣는다는 것은?

주식을 시작하게 된 계기들을 들어보면

주변에서 '누가 얼마를 벌었다더라.'라는 얘기를 듣고 시작하거나 또 주변에서

'이 종목이 좋다더라.'라고 해서 주식을 시작하는 경우들이 있습니다.

주식으로 얼마를 벌었다고 얘기하는 사람들은 종합적으로 봤을 때 역대 전적은 손실이거나 손실이 아니라면 시간이 더 지남에 따라 손실로 이어질 사람들이 대부분입니다.

또 얼마를 벌었다는 얘기는 하지만 얼마를 잃었는지는 얘기를 하지 않습니다.

손실일 때는 자랑거리가 아니니까 아무 말 안 하다가 수익이 난 날은 얼마 벌었다고 자랑하는 것이 대부분인데 실상은 손실이 98%라고 보면 맞습니다.

또 아니면 술자리나 여러 사람이 모인 자리에서 주식 얘기가 나오면 자기도 모른 척 뒤쳐질 수 없으니 자신의 경험 중에 화려하고 무용담이 될 만한 얘기들로 시선을 끌기 위해 얘기하는 경우가 대부분입니다.

그 얘길 듣는 사람들은 혹하는 끌림에 순간 관심은 가지지만 98%의 손실 난 사람들의 생각은 못 하고 관심도 없습니다. 그러다 보니 나도 시작만 하면 저 정도 벌수 있을 것 같고 또 욕심을 줄이면 저 사람 만큼은 아니어 도 반찬값이나 용돈 정도는 벌 수 있을 것 같고, 또 투자금이 그 사람보다 훨씬 많으면 더 잘 벌 것 같은 마음이 들지만 막상 뛰어들어보면 실제 현 실과는 거리가 있다는 것을 알게 됩니다.

설령 그 사람이 실제로 꾸준히 잘 번다 치면 100명의 투자자 중에 98명을 제치고 2명 안에 든 사람일수 있습니다. 그렇다면 그 사람이 일반 사람보 다 훨씬 뛰어난 상위 2%라는 인정을 해야 하고 그 대단함을 인정해 줘야 겠지요.

한마디로 얘기해서 주변에서 돈 벌었다는 사람은 상위 2% 안에 드는 사람 이거나 아니면 10번 중에 한두 번 벌었거나 그것이 아니면 운이 좋아서 초 반에 수익을 냈을 뿐 시간이 더 지남에 따라 종합 전적은 손실로 이어질 사람이 대부분이라고 보면 틀린 얘기가 아닙니다.

그렇기 때문에 여러분이 주변 사람이 번 얘기를 듣고 주식에 입문을 한다 치면 101명 중에 꼴등의 자리에서 99명을 이기기 위한 싸움이 시작된 것 에 불과합니다. 상위 2% 안에 들어가야 한다면 갈 길이 구만리와도 같고 경쟁에서 이기고 2등 안에 들어야 하기 때문에 사회생활 그 어떤 것보다 더 치열한 싸움이 시작된 것과 같습니다. 그리고 기존 100명의 투자자 역 시 만만한 상대도 아닙니다. 저마다의 사연과 노력들로 상위 2% 안에 들 기 위해서 죽자사자 노력을 하고 있을 것이고 우리는 주식 시장에 뛰어드는 순간 그들과 무한 경쟁을 벌여야 하는 것과 같습니다.

상황이 그러함에도 일반인이 주식에 입문할 때 내가 이겨야 할 사람이 100명 중에 98명 이상이란 생각을 하지 못합니다. 그래서 느슨하게 투자하고 느슨하게 매매를 하다 보면 상위 2% 안에 들지 못하고 순위권 어딘가를 헤매고 있다고 보면 맞습니다. 그렇게 해서는 절대 이길 수 없는 싸움을 하는 것이고 그것을 자각하지 못한다면 계좌는 늘 깡통을 차고 돈을 채워 넣는데 바쁠 수밖에 없습니다.

그렇기 때문에 주변의 누군가가 돈을 벌어서 나도 그렇게 하겠다고 덤비는 것은 시작하는 순간 100%의 끝에서 상위 2%로 올라가는 힘든 여정이 시작되는 것이고, 사회생활 그 무엇보다도 힘든 경쟁이 시작되는 것과 같다는 것을 알아야 합니다.

달콤한 주변의 속삭임은 그저 무용담일 뿐 현실성은 2%뿐이라는 생각을 명심하시기 바랍니다.

[산호님의 처방전]

Q. 주식투자에 있어 남의 말을 듣는다는 것은?

A. 달콤한 주변의 속삭임은 그저 무용담일 뿐 현실성은 2%뿐이라는 생각을 꼭 하시기 바랍니다.

주변의 누군가가 돈을 벌어서 나도 그렇게 하겠다고 덤비는 것은 시작하는 순간 100%의 끝에서 상위 2%로 올라가는 힘든 여정입니다.

세상 사람은 이름을 좋아하여 쉽게 속는다.

– 동계집

世之好名而易欺也
세 지 호 명 이 이 기 야

世 : 세 세상　　　　**之** : 지 어조사　　　　**好** : 호 좋아하다

名 : 명 이름　　　　**而** : 이 접속사　　　　**易** : 이 쉽다

欺 : 기 속이다　　　　**也** : 야 어조사

조선 후기 문인 조구명(趙龜命)이 지은 '왜려설(倭驢說)'에는 볼품없는 말을 당나귀라고 사기 치는 이야기가 나온다.

대구에 사는 하징은 이웃집에서 왜소하고 다리까지 저는 말을 싸게 샀다. 해를 넘기자 이 말은 다리도 절지 않았고 700리 서울 길을 4일 만에 도착할 정도로 재주가 예사롭지 않았다. 가는 곳 마다 사람들이 신기한 듯 쳐다보며 물었다. 하징은 농담으로 왜관에서 큰돈을 주고 산 '왜당나귀'라고 했다. 이 후 서울에 이르러서도 똑같이 하자 사람들은 소문을 듣고 이 말을 서로 사려고 줄을 섰다. 수십 일이 지나도 그치지 않자 하징이 사실대로 말했다. 사람들은 부끄러워한 후 아무도 이 말을 찾지 않았다.

글의 마지막 장면이 영화의 엔딩 화면처럼 뇌리에 남는다. 하징이 있지도 않는 '왜당나귀'를 사려고 줄을 서서 모여 있는 군중들에게 미소를 지으며 다음과 같이 말했을 것이다.

"여러분이 그토록 사고 싶어 하는 왜당나귀는 이곳에 없습니다. 이놈은 일본에서 직수입해온 진귀한 당나귀가 아니라 볼품없어 아무도 거들떠보지 않은 말을 제가 대구에서 싸게 샀습니다. 여러분은 지금까지 제 장난에 속으신 겁니다."

듣고 있던 군중들은 처음에는 황당하고 어이가 없었을 것이다. 하지만 자신의 행동이 부끄럽기도 하고 그 부끄러움을 감추기라도 하려는 듯 하징에게 한바탕 욕지거리를 날리며 사라졌을 것이다. 하지만 돌아서 가는 그들 모두 깨우침이 있었을 것이다. 세상에 돌고 있는 이름들의 실상이 사실 누군가에 의해 조작된 허상일수 있음을 말이다.

주식도 마찬가지다. 초보자인 우리가 정작 해야 할 일은 무작정 종목을 추천받아 투자하기보다는 투자할 회사의 가치를 정확하게 판단할 수 있는 방법을 배우는 것이다.

- 동계집

世之好名而易欺也

세 지 호 명 이 이 기 야

世	之	好	名	而	易	欺	也

2

주변 사람으로부터
좋은 종목을 소개받는다면?

주식에 입문하고 나서 투자를 하다 보면 주변 사람들로부터 좋은 종목을 소개받거나 정보들을 얻게 됩니다. 무슨 종목이 좋다더라 어떤 회사가 좋다더라, 무슨 재료가 있다더라, 재벌 누가 대주주라더라, 어떤 종목이 목표가가 얼마라 하더라 등등 그런 얘기를 듣게 되는데 이것들을 한마디로 정리하면 찌라시 정보를 얻게 된다는 의미입니다.

보기에는 그럴듯하고 좋은 정보처럼 보이지만 사실 그 정보들은 우리
'개인투자자들이 봤으면~' 하고
누군가가 만들어 놓은 정보이고 다른 말로는 홍보용 전단지에 불과합니다.

여러분도 아시다시피 전단지가 무엇입니까? 전단지란 자신들의 상품이나 물건을 팔기 위해서 호객행위를 위한 홍보물 아닙니까?
여러분이 보는 정보물들이 여러분을 유혹하기 위한 홍보물이고 그래서 여러분이 낚인 것이라면 여러분은 그 정보를 신뢰하시겠습니까? 신뢰가 어렵겠죠?
그런데 문제는 우리가 정보를 취하면서 전단지를 보고 있다는 생각은 못

한다는 것입니다. 정보를 만들어 내는 사람들은
'수백 수천, 수만의 사람들이 봤으면~' 하는 목적으로 만든 것이고 그 정보를 취하는 수만 명은 군중 속의 작은 하나가 되어서 정보 생산자가 원하는 대로, 마치 양 떼처럼 이리저리 같이 휩쓸려 다니는 것입니다.

뉴스나 정보를 만들어 내는 소수의 사람이 자기네들이 팔고 싶을 땐 군중 수만 명이 매수하도록 전단지를 뿌리고 반대로 자신들이 매집하고 싶을 땐 팔도록 전단지를 만들어 내는 것과 같습니다.

만약 주변 사람의 정보에 의해서 주식을 매입한다면 정보 생산자가 원하는 대로 매수를 한 것이기에 그 자리는 고점이 될 확률이 높으며 손실로 이어질 확률이 높습니다.

그리고 본인의 판단 외에 추가로 매입하는 종목들이 늘어나기 때문에 보통의 매매보다 대응이 어려워지고 복잡해집니다. 고점에서 매수했을 가능성이 높은데다 손실이 커졌을 때 추가 매수를 해야 하는지 손절처리를 해야 하는지 아니면 그냥 버텨야 하는지 확신도 없어집니다. 결국, 이러지도 저러지도 못하는 종목이 늘어난다는 것이고 그렇게 낭비된 투자금은 좋은 종목이 보였을 때 추가 매수할 자금마저 잠식시킵니다.

이런 식으로 종목이 많아진 상태를 백화점에 진열된 상품이 많다는 뜻으로 '종목 백화점이 되었다.' 라고 표현합니다.

우리가 사방을 감시한다는 마음으로 주변을 두리번거린다고 생각을 해 보면 가만히 고정된 물체에는 시선이 가지 않습니다. 가만있다가도 움직이는 무엇이 있으면 시선이 가고 그것을 주시하게 됩니다.

주식 시장에서도 마찬가지로 주변 지인이 하는 얘기나 우리가 취하는 정보가 내 눈앞에, 귓가에 아른거리면 관심을 갖게 되고 그 종목을 살까 말까 고민을 하게 됩니다. 하지만 눈에도 안 보이고 귀에도 안 들리는 종목은 살까 말까 고민도 하지 않을뿐더러 매수 자체를 하지도 않습니다.

그렇기 때문에 우리가 남의 말이나 정보를 본 순간 정보제공자로부터 이 종목을 살래 말래? 어떡할래? 라고 물은 것이라고 생각을 하면 됩니다. 우리의 대답은 사거나 말거나 둘 중 하나이고, 만약 그 종목을 매수할 경우 사실상 강매나 마찬가지입니다.

이렇게 주변에서 발생하는 정보들에 쉽게 현혹되어 특정 종목을 매수하거나 매도하는 경우 우리는 속칭 '팔랑귀'라고 표현합니다. 듣는 귀가 엄청 크다는 뜻이고 귀가 크니까 듣는 얘기가 많다는 뜻이며 또 휩쓸려서 매수하는 종목이 많아진다는 뜻입니다.

주식을 하는 동안 이 정보들로부터 자유로울 수 없는데 그 찌라시 정보들을 들을 때마다 살까 말까를 고민하며 하나둘 담다 보면 이른바 물리는 종목이 늘 생기게 마련이고, 그 악순환의 고리를 끊어내지 못한다면 주식으로는 영원히 성공할 수 없다는 결론에 이르게 됩니다.

하지만 팔랑귀를 가진 사람들의 대부분은 자신이 늘 그렇게 하고 있다는 사실 자체를 모르고 있는 경우가 대부분이고 그렇기 때문에 개인투자자가 주식 시장에서 성공할 확률은 2%에 불과하다는 결론이 나오는 것입니다.

팔랑귀에서 벗어나지 못하면 영원히 2% 안에 들지 못한다는 것을 알아야 하며 주변의 정보는 호객용 전단일 뿐이고 정보는 많을수록 좋은 것이 아니라 바른 정보가 아니라면 오히려 독이 되는 것이고 올바른 투자를 방해한다고 인식해야 합니다. 주변 사람의 정보는 마치 전단지와 같다는 생각을 잊지 마시기 바랍니다.

[산호님의 처방전]

Q. 주변 사람으로부터 좋은 종목을 소개받는다면?

A. 주변 사람의 정보는 호객용 전단지라는 생각을 잊지 마시기 바랍니다.

그 찌라시 정보들을 들을 때마다 살까 말까를 고민하며 하나둘 담다 보면 물리는 종목이 늘 생기게 마련이고 그 악순환의 고리를 끊지 못한다면 주식으로는 영원히 성공할 수 없습니다.

세 사람이 말하면
없는 호랑이도 만든다.

– 전국책

三人言而成虎
삼 인 언 이 성 호

三 : **삼** 셋 　　　 人 : **인** 사람 　　　 言 : **언** 말씀

而 : **이** 접속사 　 成 : **성** 이루다 　 虎 : **호** 범

"전국책(戰國策)" '위책(魏策)'에 보면 시장에 나타난 호랑이 이야기가 나온다.

　　전국시대 위(魏)나라 방총(龐蔥)은 태자와 함께 조(趙)나라 한단으로
볼모로 가게 되자 왕에게 말한다.

"지금 한 사람이 시장에 호랑이가 나타났다고 말하면 왕께서는 믿으
시겠습니까?"

"믿지 않을 것이오."

"그럼 두 사람이 와서 시장에 호랑이가 나타났다고 말하면 왕께서는
믿으시겠습니까?"

"과인은 의심할 것이오."

"그럼 세 사람이 와서 시장에 호랑이가 나타났다고 말하면 왕께서는
믿으시겠습니까?"

"과인은 믿을 것이오."

방총이 말한다. "시장에 호랑이가 없다는 것은 자명한 일입니다. 그러나 세 사람이 말을 하면 없는 호랑이도 만들어 낼 수 있습니다. 이제 조나라 한단에서 우리나라까지 거리는 시장보다 멀고 저를 헐뜯는 자 또한 세 사람이 넘을 것이니 왕께서는 이 점을 잘 살펴주시옵소서."

왕이 말한다. "과인이 잘 알았느니라." 이에 하직인사를 하고 떠났는데 (그가 조나라에 도착하기도 전에) 참소하는 말이 이르렀다. 후에 태자는 인질에서 풀려났으나, 방총은 끝내 (왕을) 만날 수 없게 되었다.

여러 사람이 말하면 거짓말도 진실처럼 들린다는 뜻의 '삼인성호(三人成虎)'라는 성어는 이 이야기에서 유래한다.

주식시장에서는 '~라 카더라'라는 소문은 시시각각 쏟아져 나온다. 처음에는 분명 맞는 말처럼 보인다. 하지만 곧 대부분이내 호주머니에서 돈을 빼앗아가기 위한 포석이었음을 알게 된다. 뒤늦게 후회해 봐야 무슨 소용이 있겠는가? 이미 내 투자금은 저 거대한 강물과 같은 돈의 흐름 속에 휩쓸려가 흔적조차 찾을 수 없는데 말이다.

– 전국책

三人言而成虎

삼 인 언 이 성 호

三	人	言	而	成	虎		

3

주식 얘기를
여기저기 하고 다니는 것은?

제가 주식 때문에 사람을 만나는 것을 빼고 나면 대부분이 운동할 때 사람을 많이 만납니다. 운동을 하면서 사람들을 만나고 사귀다 보면 제가 무슨일을 하는지 궁금해서 물어보는 경우가 있습니다.

그러면 저는 거의 대부분 "회사 다닙니다." 라고 짧게 답하고 맙니다.
거짓말은 아니지만 실제 제 직업과는 달리 두루뭉술한 대답을 많이 합니다. 주식투자를 잘할 수 있도록 지도를 해 드리는 법인의 대표직을 맡고있다는 얘기는 좀처럼 잘 안합니다.
그렇다면 "회사 다닙니다."라는 말은 틀린 말은 아니지만, 상대가 원하는대답과 제가 실제 하는 일과는 거리가 좀 있습니다.
정성을 들여 대답을 하자면 '주식투자를 하는 것이 직업이고 주식투자교육을 해 드리는 업체를 운영하고 있습니다.' 가 맞는 것입니다.

그런데 이 대답을 해 드리고 나서도 의문이 풀리지 않으면 다시 물어보는분이 있는데
"그냥 회사 생활합니다."라고 한번 더 대답을 하고 끝나는 경우가 있고

그렇게 대답을 하면 "무슨 대답이 그러냐?"라며 또다시 물어보는 경우가 있습니다.

"그러니까 무슨 회사에 다니냐고?" 묻거나 "말하기 싫은가봐?" 또는 "뭐 말 못하는 직업이 있어? 도대체 뭔데? 말 해주기 싫은거야?"이렇게 물어봅니다.

그러면 저도 어쩔 수 없이 "주식합니다."라고 짧은 대답을 하는데 그러면 또 꼬리에 꼬리를 물고 펀드매니저냐, 증권사 다니냐 주식하면 구체적으로 뭐 하는 거냐? 등등 온갖 질문들을 쏟아냅니다.

직업을 숨기고 싶어서 숨기는 것은 아니지만, 주식을 한다고 대답하면 그걸로 끝이 아니라 위와 같이 다른 질문들로 연결되고 그것이 발전되면 얼마 버느냐 등등 온갖 얘기들로 연결이 됩니다. 이런 과정들이 반복되거나 어떤 사람과 얘길 나눌 기회가 많아지면 그 사람은 주식이라는 주제의 정보를 저와 대화를 통해서 다루게 되고 그렇게 되면 관심을 가지게 되는 계기가 됩니다.

이렇게 주식을 주제로 대화를 나누다 저를 통해 주식에 입문하는 분들이 많습니다. 잠자고 있던 '주식 본능'을 깨워 주식인으로 입문시키게 되는 것이지요.

주식투자 하는 분들의 98%는 손실을 본다고 하는데 실제 제가 직업적으로 만나는 분들의 100명중 98명은 손실을 입은 사람들입니다. 또 저를 통해 주식시장에 입문한 100명의 분들 중 결과적으로 98명은 손실을 볼 가능성이 큽니다.

그렇기에 저의 직업을 묻다가 주식과 관계없는 곳에서 만나 주식 시장에 들어오게 된다면 100명 중에 2명만 살아남는 정글에 제가 불러들인 결과를 가져온 것이 됩니다.

그런데 아시다시피 주식시장은 잘못하면 가정파탄의 원인이 되고 인생에 있어 극단적인 선택을 하게 될 수도 있는 아주 위험한 곳이 될 수도 있습니다… 만약 저로 인해 주식을 접하고 막다른 길에 몰려서 극단적인 선택을 하게 된다면 저와의 인연은 얼마나 악연이겠습니까?

그렇기 때문에 주식이라는 연결 고리로 사람을 많이 만나면 만날수록 저와는 악연이 될 분들이 그만큼 늘어난다는 뜻도 됩니다.

물론 제가 아니어도 주식으로 고생하다가 저를 만난 분들은 왜 이제야 만났을까 한탄하시는 분도 많고 처음부터 저를 만난 것이 행운이라고 말하는 분도 많습니다. 하지만 그것은 주식으로 좋은 결과를 만들어 냈을 때의 일이고 저는 악연은 단 하나도 만들고 싶지 않습니다.

주식에 저만의 묘미가 있어 이 업(業)에 종사하고 있고 이 일을 천직으로 생각하긴 합니다만 떠벌리지 않는 이유도 그런 이유입니다. 회사 운영에 있어 광고나 마케팅을 공격적으로 하지 않고, 정말 주식 공부가 하고 싶어 자발적으로 찾아온 분들에게만 지도를 하는 것도 같은 이유입니다.

올바른 주식공부를 시키는 것이 내가 나아가야 하는 길이기에 뜻한 바 있어 정보를 구하다 보면 저나 바보스탁을 만나는 것이고 그것이 인연이라면 서로의 역할을 충실히 해 나가고 서로의 성공을 돕는 것이다, 이런 마음입니다.

그런데 제가

주식이 직업이라고 떠벌리고 다니거나 잘 벌지도 못하면서 많이 벌었던 얘기들만 늘어놓길 좋아한다면 이후에 어떤 결과를 가져오겠습니까? 100명을 불러 모아서 주식을 하게 만들고 그중 2명만 성공한단다라고 나중에 말해주는 것과 뭐가 다르겠습니까? 나의 행동이 나중에 어떤 결과를 낳을지 미리 안다면 하지 말아야 할 행동이라 할 수 있습니다.

밉거나 망하게 하고 싶은 사람이 있으면 술이나 여자, 도박을 가르쳐 주란 우스갯소리가 있습니다. 그런데 거기에 하나를 더 추가하자면 '주식'을 꼽을 수도 있을 것입니다. 주변 미운사람에게 주식으로 대박난 얘기를 들려주고 주식투자를 하게 만들면, 그 사람은 98%의 실패 확률로 망하게 될 것입니다.

그래서 주식인이 조심해야 할 어디 가서 주식한다고 자랑하지 말 것이며, 얼마 벌었다고 가볍게 떠벌리지도 말아야 한다는 것입니다. 정말 얘길 해야 한다면 진지하게 위험성까지 낱낱이 먼저 알려주고 난 다음 무엇을 해야 할지 알려줘야 할 것입니다.

사람이 무심코 던진 돌멩이 맞은 개구리는 죽을 수도 있는 법입니다. 내가 아무 뜻 없이 한 주식관련 얘기가 어떤 사람에게는 치명적인 결과를 낳을 수 있음을 항상 잊지 말아야 할 것입니다.

[산호님의 처방전]

Q. 주식 얘기를 여기저기 하고 다니는 것은?

A. 주식인은 주식한다고 자랑도 말 것이며 얼마 벌었다고 가볍게 떠벌리지
도 말아야 할 것입니다.

정말 얘길 해야 한다면 진지하게 위험성까지 낱낱이 먼저 알려주고 난 다음 무엇을 해
야 할지 알려줘야 할 것입니다. 내가 생각 없이 떠벌리고 다니는 동안 그 말을 주워들
은 사람들이 무심코 던진 돌멩이에 맞은 개구리처럼 될 수 있음을 잊지 말아야 할 것
입니다.

천하에
좋은 고양이가 없구나!

– 이식록

天 下 無 良 猫 也
천 하 무 양 묘 야

天 : **천** 하늘 　　　　**下** : **하** 아래 　　　　**無** : **무** 없다

良 : **양** 좋다 　　　　**猫** : **묘** 고양이 　　　**也** : **야** 어조사

"이식록(耳食錄)"을 보면 쥐를 너무 싫어해 고가의 고양이를 구입한 사람이 나온다.

어떤 사람이 쥐를 몹시 싫어하여 집의 재산을 쪼개 쥐를 잘 잡는 고양이를 구했다. (고양이를 너무 아껴) 생선과 고기를 실컷 먹이고 모직 담요에서 자게 했다. 그러자 고양이가 이미 배부르고 또 편안해 쥐 잡을 생각은 하지 않고 심지어 쥐와 더불어 장난을 치고 놀기까지 하니, 쥐가 그 때문에 더욱 사납게 굴었다. 고양이 주인이 화가 나 마침내 다시는 고양이를 기르지 않았고 세상에 뛰어난 고양이가 없다고 생각했다.

온갖 정성을 들여 키운 고양이가 잡으라는 쥐는 안 잡고, 집안에서 쥐랑 뒹굴고 있다면 얼마나 화가 날까? 그것도 적금까지 깨서 비싸게 주고 산 고양이라면 더욱 울화통이 터질 것이다. 그렇다면 고양이가 쥐를 잡지 않는 것은 고양이 잘못인가? 아니면 고양이를 잘못 기른 주인의 잘못인

가? 과연 주인이 마지막으로 한 이야기가 맞는 말인가? 실제로 세상에 뛰어난 고양이가 없는 것인가? 아니면 고양이를 제대로 기를 주인이 없는 것인가?

우리 대부분은 누군가 주식으로 돈을 벌었다는 말을 듣고 주식에 입문한다. 김칫국부터 잔뜩 마신다. '나 주식해서 진짜 부자가 되면 어쩌지!'라고 남몰래 미소까지 짓는다. 하지만 우리가 접한 주식시장은 그런 곳이 아니다. 마치 글에 나오는 고양이랑 닮았다. 주인이 잘 다뤄야 쥐를 잡아다 주지, 잘못다루면 쥐랑 같이 내 시간과 돈을 가지고 장난을 친다. 정신을 바짝 차리지 않으면 잠깐 1을 주었다 호되게 10을 빼앗아 간다. 그렇게 돈을 잃고 나면 대부분 자신에게 처음으로 주식을 알려준 사람을 그렇게 원망한다고 한다.

天下無良猫也

천 하 무 양 묘 야

天	下	無	良	猫	也		

4

주가의 방향성을 가지고
상방향이다 아니다
갑론을박 하는 것은?

토론이나 말다툼에서 진실 여부와 상관없이 목소리가 크거나 논리적이거나 감정에 호소하는 사람이 이기는 경우가 많습니다. 또 그것은 대중을 진실과 상관없이 그렇게 믿도록 하는 힘이 어느 정도 있습니다. TV 토론 프로그램에서도 토론자 개개인의 자질이나 준비, 설득력 등에 따라 진실 여부와 상관없이 대중의 마음을 한쪽으로 이끌어 가기도 합니다.

중학교 때 제가 우겨서 이겼던 얘길 하나 해 보면
당시 친구 중에 아버지가 오토바이를 가지고 있는 친구가 있었는데, 그 친구에게 자장면집 배달 오토바이에 후진 기어가 있다고 우겨서 이긴 적이 있습니다. 그것은 큰 목소리로 우긴 나의 주장과 후진기어를 넣고 움직이는 것을 봤다는 나의 주장이 결합해서 억지로 이긴 결과물이었습니다. 물론 그 친구도 그 오토바이를 타고 다녔고 오토바이를 타본 적도 없는 저는 후진 기어를 쓸 줄 몰라서 네가 못 쓴 거라고 우겼습니다.
그 당시엔 지는 게 싫어서 오기로 깡으로 우겨서 이기긴 했지만 시간이 지나면서 그게 진실이 아닐 수 있다는 생각을 했고 시간이 더 지남에 따라서 내가 확실히 틀렸다는 것을 알게 되었습니다. 독특한 고가의 오토바이가 아니고서는 후진기어는 없다는 것이지요. 물론 그때 어처구니없다는 친구 얼굴도 기억이 납니다.

하지만 그때 당시엔 이겼기 때문에 그것이 진실이라 믿었고, 세월이 지나면서 느낀 것은 '우겨서 이긴 것은 진실과 아무 상관이 없다.' 라는 것입니다.

그러다 보니 토론이나 말다툼 등에서 쉽게 결론이 나지 않는 다툼을 볼 때는 한쪽이 이긴다고 해서 진실은 아닌데 굳이 이기려고 저럴 필요가 있나? 그쯤 해두고 지켜보고 살다 보면 진실은 알게 되어 있다, 그 진실이 무엇인지 알고자 하는 마음을 잊지만 않으면 된다, 뭐 그런 생각들을 하게 됐습니다.

설사 그 토론에서 진다 하더라도 진실은 언젠가 밝혀지기 마련이니까 말입니다.

그 일을 계기로 지금의 생각이 완성되었을 때 주식을 접하고 주식 전문가를 만난 적이 있는데 당시에 어떤 종목에 대해서 물으면 오른다 내린다를 명확히 대답해 주셨습니다.

그래서 어떻게 그렇게까지 알 수 있는지 정말 대단하다고 생각을 했지만, 시간이 지나보면 대답과는 다른 방향으로 주가가 흐르는 경우도 많았습니다.

그러다 보니 상승한다 안 한다 두 가지 중에 한 가지만 맞으면 맞았다고 하니 이게 무슨 올바른 진실이냐 하는 생각도 들었습니다.

또 주식 공부를 하면서 토론하는 친구를 만나 토론을 해 보면 서로 다른 주장을 하면서 자기의 주장이 맞다는 설전을 하게 되는데 그렇게 주장을 해보면 맞을 때도 있고 틀릴 때도 있었습니다.

그리고 상승할 것이라는 주장을 하고 나서 당장 하락을 하게 되면 틀렸구나 싶어서 그냥 잊게 됩니다. 그런데 나중에 시간 지나서 보면 몇 곱절 상승해 있는 경우들도 수없이 많이 보았습니다.
그러고 보면 당장은 틀린 것이고 장기적으로 보면 맞았던 것인데 중간중간 우리가 다투면서 상승이다 아니다, 맞다 안맞다를 우긴다는 자체가 무슨 소용이 있나 싶었습니다.
실 예로 우리회사 직원을 주식방송에 내보낸 적이 있습니다. 그 프로그램은 출연자들이 각각 상승할 것 이라는 종목을 몇 개 들고 나가서 상대방이 가지고 나온 종목에 대해 반론을 펼치는 프로그램이었습니다. 그렇게 겨루기를 해서 누가 이기나 하는 흥미 위주의 방송이었지요.
그 방송이 각 종목의 장단점을 뜯어보자는 취지이긴 했습니다만 일주일의 결과를 가지고 겨루는 그 자체가 누가 이긴다 하더라도 모순은 존재하기 마련인 프로그램이었다고 봅니다.

그래서 주식공부를 하면서 상승한다 안한다라고 서로 우기는 것은 답이 없는 말다툼이거나 둘 중 하나는 맞출 수 있는 말장난에 불과하다는 생각을 하게 됐습니다.
그 이후 단순히 말장난이 아닌 실제 수치와 데이터를 가지고 차트분석을 하게 됐습니다.
그래서 그에 합당한 이유가 많은 쪽으로 선택하거나 선택하는 확률을 따져보는 것이고 그 확률에 따라서 공격 자리와 비중 등을 조절하고 또 그 확률에 따라서 목표가를 설정하거나 보유 기간 등을 결정하게 되는 것입니다.

보유중인 종목이 어떻게 될지 물어오는 분들이 많습니다. 하지만 즉답은 하지 않고 보유여부는 말씀하지 마시고 카페에 글을 올려서 교육회원 분들과 토론해보실 것을 권하곤 합니다. 카페 회원들과 상승 및 하락 이유가 각각 무엇인지 얘기들을 나누면서 확률적인 선택을 하도록 도움을 주는 것입니다.

그리고 큰돈을 가지고 주가를 움직이는 세력이 있다고 본다면 그들은 매집한 이후에라도 주가를 하락시키기도 합니다. 개인투자자들이나 주가가 올라야지만 수익이 나는 것이지 세력이란 존재는 주가를 올려도 수익이 나고 주가를 내려도 큰 수익이 나는 방법이 많습니다. 막연하게 들릴지 모르겠습니다만 바보스탁의 이론들에 대부분 공개가 되어 있습니다.
항상 우리가 분석한 차트가 매집임이 분명하다 하더라도 주가는 내려갈수 있다는 점을 인식해야 합니다. 그런 전제하에 상승이다 하락이다 갑론을 박 해봐야 주가는 우리맘대로 움직이지 않는다는 것을 깨닫게 됩니다. 그런 사실들을 명확이 인지한 후에 그 다음 대응책을 공부하면 됩니다.

따라서 개인 투자자가 주식 전문가에게 오를까요? 내릴까요? 라고 물어서 답을 듣고 그대로 따라서 매수하거나 매도하는 것도 올바른 주식투자의 방법은 아니라는 점을 말씀드립니다. 또 지인들 간 단순히 주가가 오르고 내리는 문제로 갑론을박 하며 답을 찾는 것도 모순이란 점을 알려 드리고 싶습니다.
그런 갑론을박 보다는 올바른 주식공부를 통한 기본적 분석과 기술적 분석을 해야 합니다. 좋게 보는 이유들은 무엇인지 나쁘게 보는 이유는 무엇인지 각각의 방향에서 살펴보고 그 확률에 맞추어서 비중 조절이나 공격 자리, 매도자리, 보유 기간 등을 설정하는 것이 바람직한 대응방법이라 할 수 있습니다.

갑론을박하여 이긴 결과는 진실과는 거리가 있을 수 있고 차트분석이 맞다 하더라도 주가의 방향은 다른 방향으로 흘러갈 수 있음을 명심하시기 바랍니다.

[산호님의 처방전]

Q. 주가의 방향성을 가지고 상방향이다 아니다 갑론을박 하는 것은?

A. <mark>말싸움을 이겼다고 진실이 되는 것은 아니다.</mark>

갑론을박 보다는 올바른 주식공부를 통하여 기본적 분석과 기술적 분석을 해야 하며 좋게 보는 이유들은 무엇인지 나쁘게 보는 이유는 무엇인지 각각의 방향에서 살펴보고 그 확률에 맞추어서 대응하는 것이 바람직하다.

하나를 보고
나머지를 모두 틀렸다고 말한다.

– 조정사원

覩 一 云 餘 非.
도   일   운   여   비

覩 : 도 보다   一 : 일 하나   云 : 운 이르다

餘 : 여 남다   非 : 비 그르다

"조정사원(祖庭事苑)"에 코끼리를 만진 맹인들의 이야기가 나온다.

경면왕이 뭇 맹인들에게 코끼리를 만져보게 하고 코끼리가 어떻게 생겼는지 물었다. 다리를 만져 본 자가 말했다. "코끼리는 큰 나무통과 같습니다." 꼬리 끝부분을 만져본 자가 말했다. "빗자루와 같습니다." 꼬리의 뿌리부분을 만져본 자가 말했다. "지팡이와 같습니다." 배를 만져본 자가 말했다. "북과 같습니다." 옆구리를 만져본 자가 말했다. "벽과 같습니다." 등을 만져본 자가 말했다. "높은 산등성이와 같습니다." 머리 아래를 만져본 자가 말했다. "키(箕)와 같습니다." 머리를 만져본 자가 말했다. "큰 덩어리 같습니다." 어금니를 만져본 자가 말했다. "뿔과 같습니다." 코를 잡았던 자는 "큰 새끼줄과 같습니다."라고 하고 모두가 틀리고 자신의 말이 옳다고 한다. 왕이 크게 웃으며 말한다. "보지 못하는 자들이여, 부질없이 싸우면서 자신이 깨달았다

말하고, 하나를 보고 나머지를 모두 틀렸다고 한다. 한 마리 코끼리로 옳고 그름을 다투며 서로 책망만 하는구나."

맹인 여럿이 코끼리 만진다는 뜻의 군맹무상(群盲撫象)이란 성어가 여기에서 유래한다. 맹인들은 자신이 만지고 느낀 코끼리에 대해 자신의 생각이 맞다고 주장했다. 실상 그들의 말이 틀린 것도 아니다. 하지만 그것이 코끼리의 진짜 모습일까? 만약 맹인 중 한명의 목소리가 제일 커 다른 맹인들을 누르고 자신의 의견으로 코끼리를 정의했다고 하자. 과연 그것이 코끼리의 진짜 모습일까?

맹인이 눈만 뜨면 코끼리를 한 눈에 볼 수 있다. 주식시장도 마찬가지다. 눈만 뜨면 된다. 하지만 그 눈 뜨는 게 어디 쉬운 일인가? 여러 사건 사고와 욕망이 복잡하게 뒤섞여 있는 복마전(伏魔殿) 같은 곳을 한 눈에 보고 판단하는 것은 우리의 영역이 아닐지도 모른다. 하지만 맹인들이 자신들이 말한 내용들을 스무고개처럼 하나하나 종합한다면 코끼리의 모습을 유추할 수 있듯이, 우리 개미들도 여러 현상들을 종합해 분석한다면 주식시장의 본래 모습을 어렴풋하게 볼 수 있지 않을까?

– 조정사원

覩 一 云 餘 非 .
도 일 운 여 비

覩 一 云 餘 非 .

5

가족과 주변 지인들의
차가운 시선은?

가족이나 주변 사람들의 우려 섞인 시선과 걱정해 주는 말들은 당연한 것일 수 있습니다. 주식 시장에서 성공하는 사람은 100명 중에 한둘이고 여러분은 전문가도 아니기 때문에 100명 중에 한 두 명 안에 든다는 보장도 없습니다. 그만한 준비도 없었으니 여러분의 가까운 주변인이라면 걱정을 하는 것이 당연하다고 할 수 있습니다.

 그 한 두 명 안에 들지 못하면 가진 재산을 날리게 될 것이고 그 파장은 혼자만 불행해지는 것에서 그치지 않고 주변 사람들에게까지 손을 벌리게 되는 2차 문제로 확대될 수 있습니다.걱정해 주는 사람들이 2차 문제로 퍼져나가는 직접적인 관계자가 될 수 있다는 뜻입니다.
물론 2차 관계자도 아니면서 남 말하듯 하는 잔소리들은 여러분도 한 귀로 듣고 흘려버리시면 됩니다.

여러분도 입장을 바꿔서 생각을 해 보십시오
여러분의 부모님이 큰돈을 걸고 주식을 한다면 물려받을 재산이 줄어들거나 생활비를 드려야 하는 상황이 될 수 있습니다.

또 여러분의 형제가 주식을 하다 패가 망신하게 된다면 생활비를 보조하거나 살아갈 방도를 도와야 하는 상황이 생길 수도 있습니다. 그렇기 때문에 여러분의 주변에 누군가가 주식을 한다고 하면 '너무 무리해서 까먹거나 큰 돈으로 하지 말라'는 등의 잔소리를 하는 것이 당연할 수 있습니다.

'나는 나고 너는 너다'란 식의 이기주의적 생각을 가지고 있다면 그다지 걱정스럽지도 않을 것이고 걱정해줄 필요도 없을 것입니다.
주변 사람들이 해주는 그런 우려나 걱정이 당연하다는 생각을 해야 합니다. 충분한 준비 없이 무턱대고 주식을 시작한다면 더더욱 들어야 하는 얘기일 수 있습니다. 명문대 나온 경제학자들도 주식 시장 앞에선 한낱 개미에 불과하고 주식 전문가들 역시 거대한 시장 앞에 작은 개미에 불과한데 우리 개인이 어떤 역량이 있어서 주식을 처음 하는 순간부터 돈을 벌 수 있다고 확신하겠습니까?

무턱대고 주식을 하는 것 자체가 문제이고 내가 아무리 잘 나도 주식 시장에서는 한낱 개미일 뿐이며 주식을 시작하는 순간 아무 저항력 없는 신생아와 같다고 보면 맞습니다. 주식을 시작하는 순간 100명 중에 100등에서 시작한다는 스스로의 위치를 인정할 줄 알아야 하며 100등에서 2등으로 올라가기 위해 많은 변화가 필요한데 그 변화를 일으킬 수 있는 사람인지도 스스로에게 물어봐야 합니다.

자신의 성격이 고집불통이거나 고정관념에 사로잡혀 자신의 잘못을 인정할 줄 모르는 벽창우같은 사람이라면 100등에서 2등 안으로 올라간다는 것은 거의 불가능하다고 보면 됩니다.

100등에서 2등이나 1등으로 올라가는 것이 쉬울 리가 있겠습니까? 학창시절 꼴등하던 친구가 어느날 갑자기 1등을 한 경우를 본적이 있으십니까? 드물겁니다. 어릴 때는 어떨지 모르겠습니다만 고등학교쯤 가서는 기본기가 부족하기 때문에 단기간에 1등이 되는 것은 불가능에 가깝다고 봐야 합니다. 그래서 고3 때 내신 성적 상관없는 검정고시를 선택하거나 재수 삼수를 마다하지 않는 이유도 대부분 거기에 있지 않겠습니까?

100등에서 1등으로 올라가기 위해서는 보통의 실력과 정신상태로는 힘듭니다. 히말라야를 오르는 심정의 열정과 도전정신, 끈기가 있어야 합니다.

제가 바보스탁을 이끌어 오면서 이런 말을 들은 적이 많습니다. 교육장소가 대부분 서울이거나 바보스탁 사무실이 있는 부천인 경우가 많았는데 서울이라서 너무 아쉽다는 얘기입니다. 그런분들 대부분은 지방 먼 곳에 사시는 분들이었는데 그러면서 지방에서 수업을 해 줄 수는 없냐고 물어오십니다. 요즘은 KTX 등 교통이 잘돼 있어 지방에서 서울까지 서너 시간이면 충분히 올수 있습니다. 물론 제가 지방으로 내려갈수도 있지만 수업을 듣고자 하는 열의만 있다면 물리적인 거리는 크게 문제되지 않을 것이라고 생각합니다.

어느 영화속 한 장면이 떠오릅니다.
전쟁터에서 총알이 오가는 상황인데 누군가가 총알에 맞아서
"의무병~ 의무병~" 죽어라 부릅니다.
그래서 의무병이 총알 속을 뚫고 달려갔더니 가벼운 경상이었죠. 의무병이 처치를 한 다음 이런 말을 합니다.

"어디 어디 참호로 가서 뭘 해라~" 이랬더니

다친 병사가 이럽니다.

"총알이 이렇게 날아오는데 어떻게 나가라고 그러냐!" 라고 고함을 치니

의무병 왈

"나는 되고 너는 안되냐?" 이러면서 또 자기 참호로 달려나갑니다.

그 영화속 장면을 떠올리면서 너무 멀어서 강의를 못 듣겠다고 하시는 분들이 생각났습니다.

거리 또는 다른 우선순위에 밀려 강의에 못 오는 이유를 달게 된다면, 그 정도 열정으로 100명 안에 2등 안에는 들어갈 수 있겠습니까? 어쩌면 주식투자에 성공하기 위해서는 서울과 부산, 서울과 광주를 매일 같이 왕복할수 있다는 의지와 열정이 있어야 가능하리라 봅니다.

그런 미지근한 열정으로 주식을 한다면 100명 중에 2등 안에는 절대 들어가기 어렵거나 아니면 기간이 걸려도 너무 오래 걸릴 것이 분명합니다.

교통비가 없거나 도저히 올 수 없는 사정이라면 어쩔 수 없지만, 단지 차를 타는 시간이 너무 오래 걸려 못 온다는 것은 자기발전을 가로막는 핑계일 뿐이며, 그런 나태함은 100등에서 2등으로 가는 걸림돌이 될 것입니다.

제가 주식을 시작할 때 저는 '하지 마라, 안된다' 이런 말을 들은 적이 없습니다. 그것은 지금까지 살아오면서 제가 하고자 했던 것을 실패한 적도 없거니와 '내가 하면 다 된다'라는 저만의 자신감과 확신이 있었기 때문일 것입니다. 그런 저의 신념을 다들 잘 알기에 말리는 사람은 없었지만 지금

이 글을 쓰다 보니 문득 이런 생각도 드는군요.

"지금껏 살아오면서 내 앞가림은 항상 내가 했고, 남한테 손을 벌린 일도 없이 자수성가했기 때문에 주변에서 나한테 아무말을 안했겠구나.." 하는 생각입니다.

아무튼 저는 '나는 남들이 하지 못한다는 일도 해서 성공해봤는데, 주식이라고 별거 있을소냐, 나도 100명중 2명안에 들어보자'란 자신감으로 주식을 시작했습니다.

실제로 제가 20대에 회사 생활을 할 때도 어떤 일이 잘 안되다는 동료가 있으면

"비켜봐라 내가 해볼게" 하고 나서면 대부분 다 해결이 됐습니다.

그러다 보니 또 안된다 그러면

"된다 해봐라" 이러거나

"다시 해봐라" 뭐 이렇게 말을 합니다.

그럼에도 안된다는 말이 돌아오면

"되면 어쩔래?"

"비켜봐라 내가 해 볼게". 하고는 죽도록 생각하고 방법을 찾고 노력하면 대부분 다 됐습니다.

그렇게 된다고 비아냥거리다가 안 되면 어쩌냐고요~?

그땐 이렇게 말합니다.

"미안하다 될 줄 알았는데 이게 잘 안되네~ 미안~^^" 이러고 맙니다.

더 궁시렁 궁시렁하면

"진짜 미안하다, 될 줄 알았는데 미안~~ 미안~" 이러면서 된다고 우긴 잘못을 인정하고 반성하고 상대에게 미안함의 제스처를 충분히 하면서 해결합니다.

나는 남들이 하지 못하는 일에 대한 해결책을 찾을 수 있다는 자신감과 노력이라도 있어야 100등에서 2등까지 올라갈 수 있지 않겠습니까?

그런 마음을 가진다면 서울이 아닌 북한이라도 멀어서 못 간다는 마음은 먹지 않을 것입니다. 배움의 가치가 있는 곳이라면 그곳이 서울이든 평양이든 어디든 달려갈 준비가 돼있어야 합니다.

'남들이 해결하지 못하는 문제라고 하여 나까지 해결못할 것이라고 지레 겁먹지 말자, 나는 당신이 아는 일반인과는 다르다, 나는 남이 못해내는 일도 해낼 수 있다, 반드시 성공하고야 만다'는 악착같은 집념과 자신감이 있어야 합니다.

그런 마음가짐 위에 남들 보다 10배, 100배 노력한다는 자세로 주식투자에 임한다면 언젠가 주변 사람들로부터 부러움의 시선을 받는 사람이 될 것입니다.

제일 중요한 것은 꾸준한 수익이 발생할 때까지 투자금을 보존하는 것입니다. 긴장감을 가질 수 있는 금액만으로 투자를 하면서 꾸준히 수익이 이어질 때까지 남들보다 100배는 더 노력한다는 마음을 가지고 그대로 실천하는 것입니다.

그렇게 꾸준히 실천해서 주변 사람들로부터 주식고수란 소리 까지는 아니더라도 최소 부러움의 대상이라도 되시기를 응원합니다.

[산호님의 처방전]

Q. 가족과 주변 지인들의 차가운 시선은?

A. 제일 중요한 것은 꾸준한 수익이 발생할 때까지 투자금을 보존하는 것입니다.

긴장감을 가질 수 있는 금액만으로 투자를 하면서 꾸준히 수익이 이어질 때까지 남들보다 100배는 더 노력한다는 마음을 가지고 그대로 실천하는 것입니다.

두 호랑이가 싸우면
둘 모두 살아남기 어렵다.

– 사기

兩 虎 共 鬪 , 其 勢 不 俱 生
양   호   공   투   기   세   불   구   생

兩 : 양 두	**虎** : 호 호랑이	**共** : 공 함께
鬪 : 투 싸우다	**其** : 기 그	**勢** : 세 기세
不 : 불 아니다	**俱** : 구 함께	**生** : 생 살다

사마천의 "사기(史記)"에는 염파와 인상여의 이야기가 나온다.

　중국 전국시대 조(趙)나라에는 전장에서 공을 많이 세운 염파장군이 있었다. 그는 인상여가 진(秦)나라의 음모를 깨뜨린 공으로 자신보다 높은 벼슬을 제수받자, 언젠가 그를 욕보이려고 벼른다. 인상여는 이 말을 듣고 염파를 만나지 않으려고 노력했고, 외출하다가 염파장군이 먼발치에서 보이면 몰래 숨기까지 했다. 그 모습에 인상여 주변 사람들이 부끄러워 떠나려 한다.

　인상여가 만류하며 묻는다. "그대들이 볼 때, 염장군과 진나라 왕 중에 누가 더 무서운가?" "염장군이 진왕만 못합니다." 인상여가 말했다. "나는 진왕의 위엄에도 그를 궁궐에서 꾸짖었네. 내가 어찌 한갓

염장군을 두려워하겠는가? 강한 진나라가 감히 우리나라를 침범하지 못하는 이유는 염장군과 나, 두 사람이 있기 때문이네. 지금 두 호랑이가 서로 싸운다면 결국 둘 다 살아남기 어려울 것이네. 내가 염파를 피하는 이유는 국가의 위급을 먼저 생각하고 사사로운 원한을 뒤로 해서이네."

염파는 그 말을 듣고 웃통을 벗고 가시나무로 회초리를 만들어 등에 지고 인상여의 집 앞에 가서 사죄한다. 인상여는 그를 따뜻하게 맞아하였고, 둘은 목숨을 줘도 아깝지 않은 벗이 된다.

사람이 원래 살만하고 걱정이 없으면 싫은 소리를 들어도 금방 잊어버린다. 그러나 죽고 싶을 정도로 힘들 때는 상황이 다르다. 사소한 한마디 한마디가 모두 심장에 꽂히는 비수가 된다. 그렇다고 나도 똑같이 내뱉어서는 안 된다. 예로부터 돈 빌려 못 갚은 놈이 좋은 소리 들었다는 말은 없다. 내가 상처받았다고 그들에게 똑같이 상처주고 싸우면 어찌 되겠는가? 그것은 내 꿈을 짓밟는 것이다. 왜냐하면 내가 주식으로 돈을 많이 벌어서 행복하게 해주겠다고 약속한 사람들이 바로 그들이기 때문이다.

- 사기

兩虎共鬪, 其勢不俱生
양 호 공 투 기 세 불 구 생

兩虎共鬪, 其勢不
俱生

04
주식인의
마인드와
의지

1

외부 변수로
장이 하락하며 출렁일 때

외부 변수는 크게 우리나라 자체적인 변수, 세계 경제의 변수 이렇게 두
가지 정도로 볼 수 있습니다.

우리나라 자체 변수는 말그대로 우리나라 자체적으로 나타나는 것을 말하
며, 세계 변수는 미국이나 중국, 일본, 유럽 등 우리나라가 아닌 다른 나라
의 증시나 경제에 의해서 움직이는 것입니다.

이런 외부 변수가 나타나게 되면 증시가 출렁이고 하락을 하는 경우가 많
습니다. 당일 크게 하락하고 끝이 나는 경우도 있고 며칠씩 또는 몇 주씩
이어지기도 하는데 주식 시장에서 외부 변수로 인한 증시의 출렁거림은
바다에 나가면 파도를 만나는 것처럼 너무 당연하다 할 수 있습니다.

외부 변수로 장이 출렁이면 개인 투자자들은 공포를 느끼면서 매수보다는
매도 쪽에 포지션을 둡니다. 또 주식전문가 역시 개인이 주식전문가라는
직업을 가진 것에 불과한 경우가 많아서 매도포지션에 쏠리는 경우가 많
습니다.

매수보다는 매도 포지션이 많기 때문에 주가는 아래 방향으로 쏠리게 되는데 이때 매도에 참여한 사람들 대부분은 개인이거나 아니면 돈을 전문적으로 움직이는 일반 주식전문가가 많습니다. 개인과 일반적인 전문가를 빼고 나면 누가 더 있냐? 라고 생각해보면 각 종목마다 주가를 관리하고 있는 세력이라는 존재가 있을 수 있습니다.

덩치가 큰 코스피 우량종목은 물량을 모두 매집하여 운전하기 힘들지만 중소형주의 경우에 그 종목들을 움직이는 세력이라는 존재가 있을 수 있습니다. 이들은 돌발 악재가 있거나 없거나 긴 기간 동안 매집을 하고 긴 기간 동안 공을 들이고 있습니다. 예를 들어 매집하는데 3년이란 기간을 설정했다면 3년 동안 매집하면서 돌발악재를 얼마나 많이 만나겠습니까? 그런 돌발 악재를 만난다고 해도 긴 기간 동안의 매집이라는 목표를 포기할 수는 없는 것입니다.

바다에 나가면 파도를 만나는 것이 당연하듯 3년 매집을 한다 치면 돌발 악재들은 너무나 많이 만나게 되는데 그때마다 매집이라는 긴 목표를 매번 포기할 수는 없는 것 아니겠습니까?
예를 들어 2년 정도 매집을 했다 치면 시시각각 생기는 돌발 악재 때문에 2년을 공들인 노력을 한순간에 포기할 수 있겠습니까?

또 증시가 어려워져서 매집을 하다가 갑자기 포기를 한다 치더라도 긴 기간 동안 매집이 된 물량을 누가 갑자기 나타나서 한순간에 매도 물량을 다 받아 주겠습니까?
그런 이유들 때문에 개별주 대부분은 외부 변수의 출렁거림 뒤에 원래의 자리로 돌아가는 경우가 많이 나타나게 됩니다. 물론 중소형 개별주 뿐 아니라 코스피 우량주들도 비슷한 패턴을 보이곤 합니다. 더 엄밀히 말하면 원래 자리로 돌아간다 가 아니라 '어느 방향이든 원래 가려던 방향으로 간다.' 이 말이 맞을 것입니다.

아래 그림을 보시겠습니다.

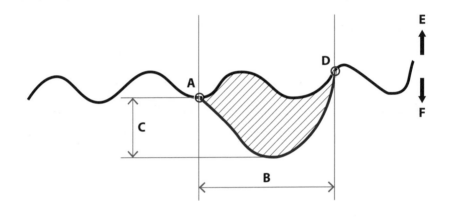

외부 변수가 생기기 전의 위치를 [A]라고 본다면
공포의 깊이 [C]만큼 하락하는 것이고
공포의 유효기간 [B]만큼 이어지는 것이며
공포의 깊이와 길이가 끝나고 나면
원래의 자리 [D]로 복귀를 하는 것이며
원래 가려던 방향 [E]나 [F]로 가게 되는 것입니다.

결국, 외부 변수로 인해서 생기는 것은 원래 없었어도 되는 [가]의 구간이 생기게 되는 것입니다.

그렇게 본다면 보유 중인 사람들은 공포의 깊이만큼 하락했다가 원래 자리로 돌아오는 것이며 보유 중이 아니라면 오히려 저점 매수의 찬스가 있는 것입니다. 또 비중 조절을 하고 있던 사람에게는 추가 매수의 찬스가 될 수도 있는 것입니다.

입장을 바꿔서 여러분이 어떤 종목을 열심히 매집하고 있었다 치면 갑자기 생기는 외부 변수에 여러분은 어떤 조치를 취하겠습니까?
더 저렴하게 많이 매집할 수 있는 기회일까요? 아니면 매집이 너무 안 되는 상황일까요? 곰곰이 생각해보면 평소보다 매집을 더 잘 할 수 있는 기회가 될 수도 있습니다.

이런 구조적인 시스템과 자신이 어떤 포지션을 취해야 할지 모른다면 악재에 주가가 급락하면 매도를 하고 호재에 주가가 급등하면 매수하는 전형적인 개미가 되어서 끊임없이 돈을 가져다 바칠 것이 분명합니다. 바다의 파도처럼 늘 만나게 되는 외부 변수들은 너무 자연스러운 것으로 여기고, 구조적인 모습을 이해하고 있다면 여러분은 파도를 이용해 서핑을 하고 있을지 모릅니다.

주식시장에 돌발 악재가 있다면 돌발 호재도 분명 있습니다. 돌발 호재가 발생했을 때의 대처 방법은 현명한 투자자 여러분의 판단에 맡기겠습니다.

[산호님의 처방전]

Q. 외부 변수로 장이 하락하며 출렁일 때

A. 자신이 어떤 포지션을 취해야 할지 모른다면 악재에 주가가 급락하면 매도를 하고, 호재에 주가가 급등하면 매수하는 전형적인 개미가 되어서 끊임없이 돈을 가져다 바칠 것이 분명합니다.

반드시 새가 모이는 곳에 그물은 치되 새가 없을 때 쳐라.

– 전국책

必須張於有鳥無鳥之際
필 수 장 어 유 조 무 조 지 제

必 : 필 반드시   **須** : 수 모름지기   **張** : 장 펴다

於 : 어 어조사   **有** : 유 있다   **鳥** : 조 새

無 : 무 없다   **之** : 지 어조사   **際** : 제 때

"전국책(戰國策)" '동주책(東周策)'에 있는 글이다. 두혁이 초나라 장수 경취를 주 (周)나라에 중용되도록 하고자 하여 주군(周君)에게 말했다.

"군왕의 나라는 작아서 군자의 귀중한 보물과 주옥을 모두 주며 제 후를 섬기고 있는데도 상대방을 살피지 않으면 안 됩니다. 비유하자 면 새 잡는 그물을 치는 자가 새가 없는 곳에다 그물을 치고 종일토록 소득이 없는 것과 같습니다. 그렇다고 새가 많이 모인 곳에 치자니 새 가 놀라 날아가 버립니다. 반드시 새가 많이 모이는 곳에 그물을 치되 새가 없을 때 친 후에야 많은 새를 잡을 수 있습니다. 지금 군왕께서 대인(大人)에게 베풀어 봤자 그들은 군왕을 경시할 것이며, 소인(小人)에 게 베풀어 봤자 소인에게는 바랄 것이 없으니 또한 재물만 허비할 뿐 입니다. 그러니 군왕께서는 반드시 지금 궁한 처지에 있는 인재에게

베푸십시오. 반드시는 아니어도 장차 대인이 된다면 군왕께서는 원하는 것을 얻을 수 있을 것입니다."

주식으로 얻을 수익은 잡아야 할 새와 닮아 있다. 새가 다니지도 않는 곳에 그물을 쳐봤자 새를 잡을 리 만무하다. 그렇다고 새가 모여 있는 곳만 기웃거렸다가는 새가 다 도망가 버려 상투만 잡다 손해만 본다. 그러니 새가 많이 모이는 곳에 새가 없을 때 그물을 쳐야 한다. 충분히 오를 가치가 있는 주식이 저가에 있을 때 그물을 치고 기다리라는 뜻이다.

주식을 하다보면 희한한 일이 계속 일어난다. 내가 사면 기가 막히게 떨어지고, '오르겠지. 오르겠지.' 하며 참다 참다 팔면 다시 오르기 시작한다. 미치고 펄쩍 뛸 노릇이다. 그렇게 팔고 나면 바로 그 주식을 살 용기가 생기지 않는다. 그래서 조금 지켜본다. 그러면 주식은 계속 오른다. 그래서 또 산다. 그러면 또 떨어진다. 이렇게 몇 번 반복하면 내 속은 시커멓게 타버렸고, 내 자본금은 눈에 띄게 사라져 있다. 생선을 구울 때 너무 자주 뒤적이면 먹지 못한다는 말을 되새긴다.

– 전국책

必須張於有鳥無鳥之際
필 수 장 어 유 조 무 조 지 제

必	須	張	於	有	鳥	無	鳥
之	際						

2

뉴스는 귀에 걸면 귀걸이
코에 걸면 코걸이

주식과 관련된 뉴스는 기업의 정보제공용으로 나오기도 하지만 투자자들을 원하는 방향으로 유도하기 위해 보도되기도 합니다.

호재성 뉴스라면 매수세가 많아지고 악재성 뉴스라면 매도세가 많아지는 것이 보통입니다. 그래서 주가는 상승하거나 하락을 하거나 방향성에 영향을 미친다는 뜻이지요.

그러므로 주가를 움직이는 주체들은 특정 정보나 뉴스를 가지고 호재처럼 표현하기도 하고 악재처럼 표현하기도 합니다.

예를 들어
영업이익이 천만 원에서 1억으로 올라간 정보가 있다면
'흑자 폭 1,000% 상승'이라고 표현해서 영업이익이 10배로 폭등한 것처럼 표현할 수도 있고
'흑자 규모 미미해서 영업이익 소폭 상승에 그쳐' 이런 제목으로 상장사가 겨우 1억 원 흑자를 낸 것처럼 표현할 수도 있습니다.

사실을 있는 그대로 전달하는 것이 아니라 약간의 감정까지 같이 넣어서 투자자들을 자기 입맛에 맞도록 유도한다는 것이지요.

본인들이 매집하고 싶다면 투자자들이 매도하게끔 보도를 해서 손쉽게 매집을 하고
팔고 싶다면 투자자들이 매수하게끔 보도를 한 후 자기 물량을 내다 팔기도 합니다.
또 주가를 상승시키고 싶으면 좋게 보도를 하고 하락을 시키고 싶으면 나쁘게 표현할 수도 있습니다.

그뿐만 아니라 뉴스를 내보내는 시간까지 조절해서 원하는 타이밍에 맞추기도 합니다.

이처럼 뉴스라는 것은 사실이나 정보의 전달 외에도 정보를 받아들이는 감정까지 유도하면서 원하는 대로 움직이게 하는 목적까지 포함되어 있다고 생각하면 맞습니다.

그렇다면 우리 개인투자자들은 어떻게 해야 할까요?
뉴스 생산자들을 역으로 이용하는 것은 둘째 치더라도 무작정 그들이 원하는 대로 유도되지는 않아야겠지요? 그리고 설령 왜곡된 표현이 있다고 해도 진실이 무엇인지 똑바로 볼 수 있는 안목이 필요하며 그런 것들을 바탕으로 주식 시장을 올바르게 보게 된다면 조금 더 나은 투자가 될 수 있을 것입니다.

뉴스를 만들어 내는 사람들, 뉴스를 보는 사람들, 뉴스를 보고 움직이는 사람들, 그 결과가 무엇인지 아는 사람들

여러분의 포지션은 어딘지 깊이 생각해 보아야 할 것입니다.

[산호님의 처방전]

Q. 뉴스는 귀에 걸면 귀걸이 코에 걸면 코걸이

A. 뉴스 생산자들이 설령 왜곡된 표현을 해도 진실이 무엇인지 똑바로 볼 수 있는 안목이 필요합니다.

그런 것들을 바탕으로 주식 시장을 올바르게 보게 된다면 조금 더 나은 투자가 될 수 있을 것입니다.

그 하나를 제일 좋은 것으로 하여 왕에게 바치소서.

– 전국책

令其一善而獻之王
영 기 일 선 이 헌 지 왕

令 : 영 하여금   **其** : 기 그   **一** : 일 하나

善 : 선 좋다   **而** : 이 접속사   **獻** : 헌 드리다

之 : 지 어조사   **王** : 왕 왕

"전국책(戰國策)" '초책(楚策)'에 왕의 마음을 알기 위해 귀고리를 이용하는 이야기 가 나온다.

    초왕은 왕후가 죽었는데도 왕후를 책립하지 않았다. 어떤 사람이 대부 소어에게 말했다. "공은 어찌하여 왕후 책립을 청하지 않습니까?" 소어가 말했다. "만약 왕이 나의 청을 들어주지 않으면 이는 나 자신을 곤경에 처하게 만들 뿐 아니라 새로 책립될 왕후와의 관계도 끊어질 수밖에 없음을 알기 때문이오."

    "그렇다면 어찌 5쌍의 귀고리를 사서 그 중 하나를 제일 좋은 것으로 하여 왕에게 바치지 않습니까? 다음날 5쌍 중 제일 좋은 귀고리를 누가 하고 있는지만 확인하여 그녀를 책립하자고 청하면 될 일입니다."

사람마음은 직접 말하기 전에는 알기가 쉽지 않다. 그렇다고 직접 말한
다고 해서 다 믿을 수 있는가? 그것도 아니다. 말하는 도중에도 바뀔 수 있
는 것이 사람마음이다. 사람마음을 알기위해서는 그가 하는 말과 행동이
향하는 최종 목적지를 찾아야 한다. 직접 드러내지 않지만 자주 거론하고
어딘가를 향해 끊임없이 가고 있다면 거기가 바로 마음이 있는 곳이다.

호재와 악재와 관련한 주식시장의 다양한 정보들은 의도가 숨겨져 있는
경우가 많다. 실제 벌어지는 팩트일지라도 자세히 들여다보면 결국은 누
군가의 이익을 위해 호재로도 악재로도 포장되어 시장을 움직이고 있음을
깨닫는다. 글에서처럼 가장 좋은 귀고리를 누가 차고 있는지를 알면 왕의
마음을 알 수 있듯이, 일련의 사건과 정보가 누구에게 이익을 가져다주는
지를 살펴보면 누군가의 의도를 읽을 수 있다.

– 전국책

令其一善而獻之王

영 기 일 선 이 헌 지 왕

令其一善而獻之王

③

종합지수는 상승하는데
보유종목만 상승하지 않을 때

만약 삼성전자가 30% 상한가를 치게 된다면 코스피는 대략 5%정도 상승합니다.

2015년 기준 우리나라 시가총액은 대략 1200조 원정도 되는데 그중에 삼성전자 시가총액이 200조가 넘고 전체시장의 6분의 1에 해당합니다. 삼성전자가 6% 상승하면 코스피는 대략 1%정도 상승 하게 되며 주식 시장 전체가 상승되는 것처럼 보일 수 있습니다.

삼성전자가 아니더라도 시가총액 상위종목 몇 개 종목만 상승하면 다른 종목들은 상관없이도 지수가 상승된 것처럼 나타나 보일 수 있는데 시가총액에 비례하여 반영되기 때문입니다.

결국 종합지수는 삼성전자 한 개나 시가총액 상위종목 몇 개만 상승하면 나머지 종목들도상승했다고 착각하게 할 수 있으나 개별종목의 상승이나 하락 여부를 가늠할 절대적 지표는 아닙니다.

보유중인 소형주들이 많이 상승했다 하더라도 시가총액이 큰 종목들이 상승하지 않는다면 지수는 눈에 띄지 않을 만큼 상승할 것이고 시가총액이 큰 종목 몇 개가 하락해 버린다면 오히려 지수는 낮아질 수밖에 없습니다. 반면 소형주들의 상승이 종합지수에 미치는 영향은 욕조에 한 두 방울 물이 떨어진 것처럼 별 영향을 미치지 않을 수 있습니다.

그렇다고 해서 종합지수가 아예 쓸모없는 지수라는 뜻은 아닙니다. 전반적인 상승이나 하락을 나타내는 평균적인 지표인 것은 분명한 사실이고 시장 전체의 상황이나 방향성을 알려주는 지표로 활용하면 됩니다.
어떤 특정 시점에서 특정 종목의 매수, 매도 타이밍을 잡는데 아주 요긴하게 활용할 수 있는 지표입니다. (주식바로보기 1권 챕터9참조)
그런 이유들로 종합지수가 보조지표로서 중요한 것은 맞지만 내가 보유한 종목이 같은 방향이나 같은 비율로 상승할 것이라고 생각하는 것 자체는 합리적이지 않습니다. 주가 종합지수와 내 종목의 상승이나 하락과의 직접적인 연관성은 없습니다. 종합지수는 상승하더라도 내가 보유한 종목은 얼마든지 하락할 수 있습니다. 한마디로 종합지수와 상관없이 움직이는 종목들이 많다. 라는 뜻입니다.

주식투자를 하다보면 종합지수는 상승을 하는데 내 종목만 상승하지 않는 경우가 많습니다. 그것은 너무 자연스런 현상이기에 일반 투자자들처럼 그럴 때 마다 상실감이나 소외감을 느낀다면 주식 시장에 있는 동안은 스트레스에서 자유로울 수 없습니다.

제가 종합지수를 바라보는 시각은
앞서 설명 드린 것처럼 종합지수라는 것은 내 종목의 수익상태를 반영하는 지표가 아니라 시장전체를 평균으로 반영시켜 나타내주는 보조지표에 불과하다는 것입니다.

그래서 주식을 하다가 종합지수는 상승을 하고 내 종목은 상승하지 않는 다 하더라도 그것은 자연스럽게 나타날 수 있는 현상이며 얼마든지 수용할 수 있어야 합니다.

그럴 때마다 상실감을 느낀다면 마음에 속상함만 더할 뿐이며 어쩌면 죽을 때까지 주식을 하고 살아야 하는데 수 십 년 동안 느껴야 하는 또 다른 마음의 불안이며 불행일 뿐입니다.

일을 하면서도 행복하게 하는 일이 있고 하기 싫어도 억지로 하는 일이 있습니다.

'피할 수 없으면 즐겨라'는 보편적인 명언이 있습니다만 주식 시장에서는 피할 수 없는 일이라면 '그럴 수 밖에 없겠구나' 하고 자기합리화 하는 것도 한 방법이라고 권합니다.

예를 들면, 내가 매도한 종목이 매도 직후 상승한다면 '아, 그래도 내가 종목 보는 눈이 있었구나' 하고 자기 위안을 삼는 것입니다. 또 어떤 종목을 매수하자마자 하락한다면 '아, 그 어떤 종목도 항상 오르기만 하는 일은 불가능한 것이구나' 하고 생각할 필요가 있다는 것입니다.

자기 스스로가 스트레스를 받지 않도록 생각 구조를 자기기준에 맞게 합리화 한다는 뜻인데 종합지수와 내 종목이 다르게 움직이는 것은 앞서 설명대로 너무나 당연한 것이고, 그것들로 인해서 스트레스를 받을 일은 '걱정을 사서 하는 것'이라 할 수 있습니다.

[산호님의 처방전]

Q. 종합지수는 상승하는데 보유종목만 상승하지 않을 때

A. 종합지수가 보조지표로서 중요한 것은 맞지만 내가 보유한 종목이 같은 방향이나 같은 비율로 상승할 것이라고 생각하는 것 자체가 모순일 수밖에 없습니다.

자기 스스로가 스트레스를 받지 않도록 생각 구조를 바꿔야 하며, 걱정을 사서 하지 말아야 합니다.

지나치게 생각하면 우리 삶이 망가진다.

– 도연명집

甚 念 傷 吾 生

심   념   상   오   생

甚 : 심 깊다   **念** : 념 생각   **傷** : 상 다치다

吾 : 오 나   **生** : 생 살다

도연명(陶淵明)의 '형영신(形影神)'이라는 시를 보면 '몸'과 '그림자'와 '정신'이 대화를 한다. 그 내용을 풀어보면 이런 내용에 가깝다. 원래는 5언시이다.

'몸'이 먼저 말한다.

"천지는 영원하고 산천은 그대로인데, 만물의 영장이라는 사람은 금방 떠나 돌아오는 법이 없더라. 그러니 술 한 잔 권하면 거절하지 말게나."

'그림자'가 말한다.

"때가 되면 몸은 사라질 텐데 무의미하게 술만 먹는 것 보다 선한 일을 해서 오래도록 은혜를 남기는 것이 좋지 않겠나?"

두 말을 들은 '정신'이 말한다.

"삼황(三皇)이 성인(聖人)이었지만 지금 어디에 있는가? 800여년을 살았다는 팽조 또한 세상에 머물고 싶어도 결국 그러지 못했네. 늙은이

나 젊은이나 어차피 한 번 죽는 것은 마찬가지니 현명한 사람인지 어리석은 사람인지 따질 것도 없네. 매일 술에 취하면 근심을 잊을 수는 있으나 이 어찌 명을 줄이는 물건이 아니겠는가? 착한 일 하는 것은 좋은 일이지만 죽은 다음에 칭찬이 무슨 소용 있겠는가? 지나치게 생각하면 우리 삶이 망가지니, 마땅히 운명이 가는 대로 맡겨 두는 것이 좋지 않겠나? 끝낼 곳에서 끝내버리고 다시 홀로 깊이 생각하지 마시게.'

'몸'은 현세 육체의 즐거움을 말하고 있고, '그림자'는 죽음 이후에 남겨질 이름과 행적을 위해 현세에서 즐거움만 좇아서 안 된다고 말한다. 도연명은 '몸'과 '그림자'가 말한 것을 인간의 집착 때문에 생긴 고뇌라고 생각하여, '정신'의 입을 빌어 말한다. '기쁘면 얼마나 기쁘고, 슬프면 또 얼마나 슬프겠는가? 다 생각하기 나름이지. 자네! 너무 스트레스 받지 말게. 어찌 할 수 없는 것은 고민한다고 바뀌는 것도 아니니 그냥 내버려 둬야하지 않겠나!'

– 도연명집

甚 念 傷 吾 生

심 념 상 오 생

甚 念 傷 吾 生

4

주식으로
돈을 버는 시기는
언제?

사람이 살다보면 무슨 일을 해도 잘 풀리는 시기가 있고 안 풀리는 시기도 있습니다. 저를 돌아본다면 무사히 자라서 어른이 될 수 있을까 하는 어린 시절이 있었고 성인이 된 이후엔 죽도록 열심히 살았지만 뜻대로 되지 않았던 시기도 있었습니다.

아무리 운이 좋고 나쁘더라도 태어나서 죽는 순간까지 좋기만 하고 나쁘기만 한 사람은 드물 것이라 봅니다. 좋은 시기가 있으면 안 좋은 시기도 있고 또 안 좋은 시기가 있으면 좋은 시기도 있고 그것이 순리 아니겠습니까?

사람의 삶에 이런 흥망성쇠가 있다면 주식투자에도 흥망성쇠가 있을 것으로 봅니다.

여러분이 주식을 시작했던 순간에 여러분의 흥망성쇠는 어떤 시기라 생각하십니까? 그리고 지금은 어떤 시기라 생각하십니까?

사람마다 좋은 시기인지 나쁜 시기인지는 다르겠지만 한 가지 확실한 사실은 주식을 처음 시작 했을 때의 여러분의 주식실력은 최고 낮은 실력이었고, 최악의 시기였다는 것입니다.

최고 낮은 시기의 주식 실력으로 여러분의 인생에 어떤 시기를 만났다 하더라도 주식으로 성공하기는 쉽지 않았을 것입니다.

그런데 주식을 시작하는 순간 실력이 제일 낮을 때 가진 돈의 대부분을 투입하는 것이 보통입니다.

정리를 해 보자면

주식 실력이 제일 형편없을 때 제일 많은 투자금을 쏟아 붓는다는 것이고 그렇기 때문에 98%가 나가떨어지는 결과가 나온다는 것입니다. 그 결과 개인투자자의 주식투자 성공확률은 2% 미만이란 말이 생겨나지 않았겠습니까?

주식투자에서도 인간의 삶처럼 흥망성쇠를 만들어 나갈수 있다고 생각합니다. 그런데 아무 생각없이 남의 말만 듣고 투자를 단지 '감'에 의지해 한다는 것은 여전히 주식 실력이 제일 낮은 시기라 할 수 있습니다. 그런 분들은 주식투자를 한달을 했건 10년을 했건 처음 입문했을 때의 실력 그대로라고 봐야겠지요.

그 상태로는 인간의 흥망성쇠 중에 좋은 시기가 온다 하더라도 온전히 수익으로 연결시키기는 어려울 것입니다.

그런데 그 사람의 흥망성쇠와 상관없이 올바르게 꾸준히 공부를 하고 있는 사람이라면 입문 했을 때는 제일 낮은 실력이겠지만 하루하루 시간이 지남에 따라서 주식 실력은 꾸준히 늘어났을 것입니다. 그 과정들이 1년, 2년, 3년, 5년, 10년 이렇게 해가 가면 갈수록 주식 실력은 꾸준히 늘어서 주식 실력의 흥망성쇠는 계속적으로 좋아질 것임을 알 수 있습니다.

그렇게 수년간 가다듬은 주식실력을 바탕으로 장이 좋은 시기를 만나 소중한 투자금이 투자된다면 여러분이 꿈꾸는 수익이 만들어지는 것 아니겠습니까?

인간의 삶에서 흥망성쇠는 타고난 팔자라서 못바꾼다 치면 노력으로 바꿀 수 있는 주식 실력의 흥망성쇠는 올바른 방법으로 꾸준히 공부해서 발전적으로 바꾸어 갈수 있다는 것입니다. 주식공부로 만들어진 좋은 시기에 투자금이 결합된다면 비로소 주식으로 돈을 벌기 시작하는 시기라 할 수 있습니다.

결론적으로 주식으로 성공하는 방법을 말씀 드리자면 소중한 투자금을 무작정 투자하는 것은 절대 안 될 것이며 주식 실력이 어느정도 완성될 때까지는 올바르게 꾸준히 연습매매를 하면서 시기를 만들어 가는 것입니다.

연습매매의 투자금은 잃어도 될 정도의 금액과 긴장감을 가질 수 있는 정도의 금액이면 충분합니다. 대개 한 달 월급정도의 금액이면 긴장감 충분할 것입니다.

연습매매로 날리는 돈이 없어진다 하더라도 가정의 행복이 깨져서는안 될 것이며 또 다시 그만큼을 넣을 수 있는 환경이어야 하고, 그 과정들을 몇 번이고 반복 할 수 있어야 할 것입니다.

필자의 경우 속된 말로 '깡통을 찼을 때', 20만원으로 연습매매를 한 적이 있습니다. 그 당시엔 20만원도 저에겐 큰돈이었고 긴장감이 충분했습니다. 담뱃값이 없어서 담배를 끊었으니 긴장감을 가지기엔 충분했다고 보면 맞습니다.

여러분도 자신의 재정 상태를 체크하고 계획된 금액으로 연습매매를 해야
지만 주식으로 꾸준히 수익을 내는 날이 올 것입니다. 무작정 가진 돈을
다 투자해서 잃게 된다면 다음을 노릴 기회비용도 사라지게 되며 꾸준히
공부할 명분도 없어지게 됩니다.

처음 넣는 투자금을 잃을 확률은 98%
두 번째 넣는 투자금을 잃을 확률은 96%
세 번째 넣는 투자금을 잃을 확률은 94%.....
......

이런 마음으로 꾸준히 공부하다보면 계좌는 줄어드는 것이 아니라 지키는
날이 오게 될 것이고 지키는 것이 익숙해지면 수익이 나게 될 것이고 그
수익이 꾸준해 지는 날이 오게 될 것입니다.
수익이 꾸준하게 생기는 날이 오지 않는다 하더라도 조금 잃을 수는 있겠
지만 큰돈은 잃은 것이 아니기 때문에 여러분의 의지와 상관없이 큰 돈을
지키게 되는 것이며 그것이 바로 행복을 지키는 것이라 할 수 있습니다.

저희 집안과 연결지어 흥망성쇠를 더 얘기 해 보자면
저의 할아버님은 조선시대에 벼슬을 하셨다고 합니다. 가문은 아버님 대
에서 몰락을 했고 그 집안을 일으키자면 나는 어떤 역할을 해야 하는지 고
민하게 됩니다.

제가 직접 집안을 일으키는 모험이나 도전을 할 것인지 아니면 역량을 더 키우면서 집안을 일으키는 대를 자식에게 맡기고 나는 디딤돌이 될 것인지 고민을 했습니다. 이런 고민을 하는 것 또한 투자금은 제한적인데 함부로 투자금을 쓸 수가 없기 때문이고 그래서 집중을 해야 하는 시기가 언제인지 저울질 하는 것이라 할 수 있습니다. 어쩌면 시기를 만들어 가는 과정일수도 있고요.

아무튼 주식으로 돈을 버는 순간은
올바르고 꾸준히 세월을 이기듯 공부를 하면서 시기를 만들어 가야하고 그 시기가 만들어지고 나면 투자금이 투입되는 수순을 이어가야 합니다. 성공으로 가는 여정이 길긴 하겠지만 세월을 이기듯 꾸준히 공부하며 무르익는 그 시기가 올 때까지 인내하시길 바랍니다.

[산호님의 처방전]

Q. 주식으로 돈을 버는 시기는 언제?

A. 대부분 주식 실력이 제일 형편없을 때 제일 많은 투자금을 쏟아 붓는다고 합니다.

그렇기 때문에 개인투자자의 성공확률은 2%미만이라는 주식시장 금언이 있는 것 아니겠습니까?

궁하면 변하고, 변하면 통하고, 통하면 오래간다.

– 주역

窮 則 變, 變 則 通, 通 則 久.
궁   극   변   변   즉   통   통   즉   구

窮 : 궁 궁하다　　　則 : 즉 곧　　　變 : 변 변하다

通 : 통 통하다　　　久 : 구 오래다

"주역(周易)"의 '계사하(繫辭下)'에 실려 있는 글이다.

신농씨가 죽거늘 황제와 요임금과 순임금이 일어나서 그 변화를 통해서 백성들로 하여금 게으르지 않게 하여 신묘하게 교화하여 백성들로 하여금 마땅하게 한다. 역(易)이 궁하면 변하고 변하면 통하고 통하면 오래간다. 이로써 하늘로부터 도와서 길하며 이롭지 않음이 없다.

중국 신화에 보면 복희씨가 나온다. 상체는 사람인데 하체는 뱀이다. 이 양반이 팔괘와 그물을 만들었다. 태극기에 있는 4괘인 건곤감리(乾坤坎離)도 팔괘 중에 있으니 우리도 이 양반의 도움을 조금 받았다고 봐야겠다. 복희씨가 죽자 신농씨가 나온다. 신농씨는 전설에 머리는 소고 몸은 사람이었다고 한다. 이 양반은 인간에게 농사짓는 법과 의술을 가르치지만 신흥강자인 황제에게 패해 그의 부족에 병합되었다고 한다. 황제는 동이족 치우

를 탁록에서 무찌르고 황하유역을 차지하여 거대한 세력으로 성장한다. 이 부족이 화하(華夏)족이다. 중국 한족은 자신들의 기원을 이 부족이라 생각하며, 자신들이 황제와 염제 신농씨의 후손이라고 말한다. 중화인민공화국의 화(華)가 바로 화하족의 화(華)라고 한다.

고대부터 제왕들은 변화를 통해 백성을 게으르지 않게 하였고, 가르쳐 마땅하게 하였다고 한다. 이 말을 뒤집어 생각하면 백성들은 변화를 받아들였고 성실했고 열심히 배워 자신이 어떻게 살아야 하는지를 깨우쳤다는 뜻이 된다. 주역은 곤궁한 상황에 놓이면 끊임없이 변하려고 하고 변하다보면 통하게 되며, 통하면 평온이 찾아온다고 한다. 그렇게 평온함이 오래되면 다시 곤궁함이 찾아오고, 세상은 이 과정이 무한 반복되는 원과 같다. 주역에서 배운다. 곤궁함이 평온함이 되려면 변화가 있어야 함을 말이다.

우리가 주식을 하려는 이유가 무엇인가? 경제적인 곤궁함에서 경제적인 평온함으로 옮겨가고 싶은 것이 아닌가? 그렇다면 우리는 곤궁함과 평온함 그 둘 사이를 변화로 채워야 한다. 그렇지 않으면 우리의 곤궁함은 결코 바뀌지 않는다.

– 주역

窮 則 變, 變 則 通, 通 則 久.
궁 극 변 변 즉 통 통 즉 구

窮 則 變, 變 則 通,

通 則 久.

⑤

매매 성공확률을
높이는 방법은

주식투자는 주식을 사고 파는 행위를 통해 그 차익을 발생시키는 것을 목
적으로 합니다.

매매의 경우 전업투자자는 하루에 몇 번씩 매매하고 직장인의 경우는 그
보다 적은 횟수의 매매를 합니다. 또 기간을 길게 투자하는 분들도 있고
투자 성향에 따라서 그 횟수가 많이 달라지기도 합니다. 매매하는 횟수는
각기 다를 수 있지만 주식투자에 있어 매매를 따로 떼어놓고는 생각할 수
없다고 보면 맞습니다.

매매가 늘 성공적이면 좋겠습니다만 주식투자는 예상과 다르게 움직이는
경우가 많아서 성공적인 매매만 있는 것은 아닙니다.

성공적인 매매와 실패한 매매가 같이 나타나게 되는데 성공적인 매매가
많으면 수익을 잘 내는 것이고 실패한 매매가 많으면 수익을 못 내고 손실
을 내는 것으로 생각할 수 있습니다.

결국 실패하는 매매는 줄이고 성공적인 매매를 늘려야지만 수익이 생긴다
는 것인데 성공률을 높이기 위해선 바둑에서처럼 복기를 반드시 해야 합
니다.

바둑기사들이 대국 후에 복기를 하며 공부를 하듯이 주식 매매 이후에도 매매했던 것을 돌아보는 복기를 꼭 해야 합니다.

성공적인 매매라면 어떤 부분이 잘됐는지 체크하고 다음번에도 활용할 수 있도록 반복적인 공부를 통해 몸에 배도록 해야 합니다.

또 성공적인 매매를 했지만 아쉬운 부분은 무엇인지 어떻게 하면 더 나은 매매가 될 수 있었는지까지 체크하면 더 좋겠지요. 그래야지만 성공적인 매매를 꾸준한 성공으로 바꿀수가 있습니다.

아울러 실패한 매매또한 더더욱 복기가 필요합니다.

손실이 생겼을 때 마치 겪어봤던 것을 다시 반복하는 것처럼 느껴질 때가 있습니다. 데자뷔현상 같은 것인데 그것은 같은 실수를 반복하고 있다는 뜻입니다.

같은 실수를 반복하지 않으려면 종목 선정은 잘 되었는지 놓친 부분은 무엇인지 더 나은 대응방법은 없었는지 개선책을 찾고 실천해야 합니다. 그래야 지속적인 실수를 줄일 수 있습니다.

잘된 매매를 지속 발전시킨다는 것은 숙련도가 쌓이는 것과 같고 그것은 수익을 잘 올린다는 뜻이 됩니다. 또 잘못된 매매는 개선책과 대응방법을 찾아서 실수를 줄여준다면 손실을 그만큼 줄여주는 것과 같습니다.

수익은 더 늘리고 손실은 그만큼 더 줄인다면 계좌는 당연히 수익이 나지 않겠습니까?

주식에 입문하여 매일같이 이런 노력을 기울여 나간다면 하루하루 달라지는 투자자가 될 것입니다. 그 하루하루가 모여서 한달이 되고 한해가 되고 그 해들이 모여서 구력이 쌓이는 것입니다. 이런 노력을 기울이지 않고서는 구력이나 경험을 쌓을 수 없다고 단언할 수 있습니다.

저의 사무실 작은 칠판에는 다음과 같은 문구가 적혀 있습니다.

■ 주식승률 높이기

실패한 매매를 통하여 원인을 파악하고 재발을 막으면 승률은 조금씩 상승하여 그것이 모여 승률 높은 매매를 가능하게 한다.

소 잃고 외양간 고친다는 속담은 다들 아시다시피 어떤 일을 이미 실패한 후에 대비하고 후회해봐야 소용없다는 뜻입니다. 주식시장에선 어떨까요? 주식시장에서는 소를 잃어도 외양간은 반드시 고쳐야 합니다. 그래야만 또다시 소를 잃지 않는다는 마음을 가지셔야 합니다. 물론 앞서 말씀드린 대로 잃어도 적당한 긴장감이 들 정도의 적당한 금액으로 연습매매 했을 때를 말합니다.

주식투자에서 성공하는 길 중 하나는 잘못된 매매를 돌아보고 복기하는데 있다 하겠습니다.

[산호님의 처방전]

Q. 매매 성공확률을 높이는 방법은

A. 실패하는 매매는 줄이고 성공적인 매매를 늘려야지만 수익이 생깁니다.

성공률을 높이기 위해선 매매했던 것을 돌아보는 복기를 반드시 해야 합니다.

[시봉님의 고전 속 명언 노트]

싸움을 잘하는 사람은 적을 끌어들이지 적에게 끌려 다니지 않는다.

– 손자병법

善戰者, 致人而不致于人.
선 전 자 치 인 이 불 치 우 인

善 : 선 착하다   **戰** : 전 싸우다   **者** : 자 사람

致 : 치 끌어들이다   **人** : 인 사람   **而** : 이 접속사

不 : 불 아니다   **于** : 우 어조사

"손자병법"의 '허실'편에는 적의 운명을 좌우할 묘법을 소개하고 있다.

손자가 말했다. "무릇 싸움터에 먼저 도착하여 적을 기다리는 자는 편안하고, 싸움터에 늦게 도착해 허겁지겁 싸우는 자는 수고롭다. 그러므로 싸움을 잘하는 사람은 적을 끌어들이지 적에게 끌려 다니지 않는다. 적이 달려오지 않는 곳으로 진군하며 적이 예상하지 않은 곳으로 달려가야 한다. 천 리를 행군하고도 수고롭지 않은 것은 적이 없는 지역을 가기 때문이요, 공격하여 반드시 취하는 것은 적이 지키지 않는 곳을 공격하기 때문이요, 지키면 반드시 견고한 것은 적이 공격할 수 없는 곳을 지키기 때문이다. 그러므로 공격을 잘하면 적이 그 지킬 곳을 알지 못하고, 수비를 잘하면 적이 공격할 곳을 알지 못한다."

손자병법이라고 해서 잔뜩 기대하고 글을 읽었는데, 그다지 특별한 내용이 있지 않다. '전장에 먼저 도착해 지형을 살펴 전투를 준비하고, 적의 예상대로 움직이지 말고 내 뜻대로 적을 움직이게 하라.' 가르침이 지극히 평범해 보인다. 그런데 말을 곱씹어 보면 그렇지 않다. 만약 이렇게만 될 수 있다면 승리하는 것이 참 쉽겠다는 생각이 든다.

주식시장은 전장과 흡사하다. 먼저 도착해 지형을 살피는 것은 시장상황을 살펴 대책을 미리 점검해 보는 것과 같다. 적의 예상대로 움직이지 않는다는 것은 어떤 세력에 휘둘려 매수와 매도 시점을 놓쳐 손해 보지 않아야 한다는 말이다. 분명히 누군가는 우리가 사주길 바라는 매수 시점이 있을 것이고, 우리가 팔아주길 바라는 매도 시점이 있을 것이다. 그 지점에서 우리는 그들의 뜻대로 움직이지 말아야 한다. 말이 쉽지 우리 같은 초보자에겐 참 어려운 일이다. 그렇지만 이제 그렇게 움직이지 말아야 한다는 것을 알았으니, 이미 내가 저지른 실수들을 되돌아보자. 다음에 그러지 않기 위해서 말이다.

– 손자병법

善戰者, 致人而不致于人.

선 전 자 치 인 이 불 치 우 인

善	戰	者	,		致	人	而	不
致	于	人	.					

6

나의 매매는
큰 차트 속에
점 하나에 불과하다.

상하한가 제한폭이 30%로 변경된 후에는 하한가로 마감되는 종목이 드물지만 제한폭이 15% 일 때는 하한가로 마감되는 종목이 하루에도 수 십 개씩 많은 편이었습니다.

장을 마치고 나면 다음날 추가 하락에 대한 공포나 손실 때문에 새파랗게 질리면서 근심일 때가 많았습니다.

그런데 다음날 장이 열리면 전일 하한가의 공포와는 상관없이 상승을 하여 쉽게 빠져나오는 경우가 많았는데 언제 그랬냐는 듯 두려움과 공포는 잊곤 했습니다.

특히 그런 경우엔 약간의 수익만 나도 매도를 하게 되는데 아마도 '손실 때문에 힘들었다가 수익까지 챙기며 빠져나오는 것이 얼마나 다행이냐'라는 안일한 생각으로 그랬던 것 같습니다.

그 자리들을 시간이 지나서보면 크게 상승하는 경우가 많았고, 좋은 공격 자리였는데 뭐가 그리 무섭고 두려웠는지 우스운 생각조차 들게 하는 차트들도 많습니다.

또 다른 경우에는 보유중인 종목이 상한가에 진입했다가 풀리면서 하락하는 것을 보고 얼른 매도하고 나면 그 이후로도 크게 상승한 것을 많이 봤습니다. 같이 공부하면서 살펴본 온라인캠퍼스의 종목들도 그런 종목들이 참 많았지요.
시간이 지나서 그 차트를 다시 보면 전체차트에서 낮은 위치의 점 하나에 불과한 경우가 많습니다.

결국 과거나 현재의 매매 순간에도 그 당시의 중요한 원칙들과 판단들로 매매를 했겠지만 그 자리들은 시간이 지나서 돌아보면 그때 판단했던 의미들이 뭐가 그리 중요해서 큰 그림을 보지 못했을까 하는 반성을 해 볼 때가 많습니다.

과거에 정말 좋은 종목을 발굴했다고 믿었던 종목이 있었습니다. 매수한 이후 수익을 빨리 주지 않고 횡보한다는 이유로 매도했었는데 이후 저점 대비 7년 동안 무려 49배 상승했습니다. 누군가는 7년 설계도 아니 10년 이상의 설계도를 가지고 움직이는데 저는 그 큰 그림을 파악하지 못하고 이탈을 했던 것이지요.

개인 투자자들은 매매 후에 잊어버리고
매매 후에 잊어버리고
또 몇 개월 해보고 깡통 차서 떠나고

돌아와서 또 깡통 차서 떠나고~

그 당시에 판단했던 부분만을 차트의 전부라고 생각하고 까맣게 잊었을지도 모릅니다.

차트의 일부만 잠깐 보고 그 것이 전부라고 생각하는 것입니다.

그러나 저는 그 차트를 보면서 내가 무엇을 놓쳤는지 7년이 지난 지금까지도 생각하고 공부하고 있습니다.

물론 큰 그림의 수익을 다 챙기기도 어려울 것이고 그런 수익률만 쳐다보다간 수익 줄 때 챙기지 못하고 손실을 입는 경우도 많을 것입니다.

길게 투자를 해서 그 수익률을 온전히 다 먹자는 의미보다는 우리가 지금 판단하고 결정짓는 요소들은 그 차트에서 정말 작은 부분에 해당 될 수도 있다는 것입니다.

그렇기 때문에 지금 우리가 내리는 결정에 작용한 판단 기준이 맞다 틀리다를 놓고 집착하는 것은 무의미 합니다. 전체를 보는 노력을 해야 합니다. 또한 어떤 판단 이후에도 놓친 부분은 없는지 끊임없이 되돌아보고 공부해야 한다는 것입니다.

이처럼 우리가 모르거나 보이지 않는 부분들을 찾기 위한 노력들이 있을 때 평소보다 더 많은 것을 알거나 볼 수가 있고 판단과 결정에 정확도가 높아질 수 있습니다.

현재에 만족하지 않고 더 갈구 할 때 하나씩 더 보이게 마련이고 발전이 있다는 얘기지요 그런 마인드로 필자가 늘 외치는 구호가 있습니다.
'보이는 것을 통해 보이지 않는 것을 보는 눈'

여러분이 보이는 것을 통해 판단하는 근거와 자리들은 시간이 지났을 때 큰 차트 속에 작은 점 하나에 불과 할 수도 있고 그 작은 점은 그냥 나타난 현상이 아니라 긴 과정들을 거치고 나타난 결정체라는 인식이 필요합니다. 그 작은 점은 더 큰 차트로 이어지는 시작이 될 수 있다는 마음으로 살펴볼 때 더 나은 판단과 결정을 할 수 있다는 것입니다.

나무만 보는 것이 아닌 더 큰 숲을 볼 수 있는 혜안을 가진다고 할 수 있습니다.

'보이는 것을 통해 보이는 않는 것들을 보기 위한 노력'

그것이 바로 주식투자 성공으로 가는
올바른 공부방법입니다.

[산호님의 처방전]

Q. 나의 매매는 큰 차트 속에 점 하나에 불과하다.

A. 더 멀리 숲을 바라볼 수 있는 혜안을 가진다고 표현할 수 있는데
'보이는 것을 통해 보이는 않는 것들을 보기 위한 노력'
그것이 바로 주식투자 성공으로 가는 올바른 공부방법입니다.

아직 보지 못한 반쪽은
이미 본 반쪽과 같다.

- 혜환잡저

未見之半, 如已見之半.
미　견　지　반　　여　이　견　지　반

未 : **미** 아니다 　　**見** : **견** 보다 　　**之** : **지** 어조사

半 : **반** 절반 　　**如** : **여** 같다 　　**已** : **이** 이미

금강산에 다녀와 기행문을 쓴 사람이 이용휴에게 찾아와 책머리에 글을 써달라고 부탁한다. 이용휴는 미인 이야기를 꺼낸다.

　옛날 어떤 사람이 꿈에서 너무도 아리따운 여인을 보았다. 그런데 얼굴 반쪽만 드러내고 있어 그 전체 얼굴을 보지 못해 상념에 사로잡혀 병이 들었다. 어떤 이가 그를 깨우쳤다. "아직 보지 못한 반쪽은 이미 본 반쪽과 같다네." (이 말을 듣고) 그 사람은 곧바로 상념에서 벗어날 수 있었다. 무릇 산수를 보는 것도 모두 이와 같다. 또 금강산은 산으로 비로봉이 으뜸이고 물은 만폭동이 최고다. 지금 이 둘을 다 보았으니 절반만 보았다고 할 수는 없다.

- 제반풍록(題半楓錄) 中에서

이용휴는 금강산을 몇 군데 밖에 둘러보지 않고 쓴 글에 비로봉과 만폭

동 정도 봤으면 다 본거나 다름없다고 반쪽 얼굴 미인을 들어 위로한다.

꿈을 꿨는데 미인을 만났다. 너무나 아름다웠다. 그런데 이 여인이 얼굴을 반쪽밖에 안 보여줬다. 꿈을 깨고 상사병이 났다. 그 못 본 반쪽이 너무나 궁금해 몸져눕는다. 누군가 찾아와 말한다. 못 본 반쪽이 궁금한가? 그런데 왜 생각하지 못하는가? 아직 보지 못한 얼굴 반쪽은 이미 본 얼굴 반쪽과 똑같이 닮아있다는 것을. 당신은 이미 얼굴 전체를 본 것이나 다름없다네.

아직 보지 못한 미인의 반쪽처럼 앞으로의 내 주식 인생이 어떨지 궁금한가? 그러면 그동안 자신이 어떻게 주식을 했는지 돌아보라. 오늘처럼 하루하루 살면 앞으로의 주식 인생도 그 삶과 크게 다르지 않을 것이다. 이미 지난 것은 어떻게 바꿀 수 없다. 지금을 바꿔야 한다. 다 정리하고 그만두던지, 주식공부를 열심히 하든지 말이다. 우리는 옛날로 돌아가 과거를 바꿀 수도 없고, 미래로 가서 미리 살수도 없다. 그러니 어쩔 수 없이 바꿀 수 있는 현재를 열심히 살아야 하지 않겠는가?

– 혜환잡저

未見之牛, 如已見之牛.

미 견 지 반　여 이 견 지 반

未	見	之	牛,		如	已	見
之	牛.						

7

마인드 관리를 위해
자기합리화가 필요

주식투자를 하면서 스스로 만족스러운 매매를 했다고 느끼는 사람은 거의 없습니다.

매도 하고나면 상승하고

매수 하고나면 하락하는 것이 대부분인데 실제로 그렇지 않더라도 투자자가 느끼는 체감은 만족스럽지 않은 것이 대부분입니다.

예를 들어

상한가 30%중에 28% 상승한 자리에서 매도했다 하더라도

이후에 2% 더 오르면 더 먹을 수 있었는데 못 먹었다고 아쉬워하는 것이 인간의 욕심입니다.

그 이후에

매도한 자리보다 더 많이 하락한다면 결과적으로 잘한 매매지만 2% 더 올랐을 당시에는 불만감이 생긴다는 것이지요.

또 매수 후에 2%만 하락하더라도 '매수를 잘못했네' 라고 느끼게 됩니다.

이후에 주가가 상승하면 결과적으로 잘했다고 느끼겠지만 당장 2% 손실

일 때는 불만스럽게 느끼게 됩니다.

이렇듯 작은 순간순간이나 다양한 상황들에서 불만감을 가지게 되면 대부분의 시간이 불만일 수밖에 없습니다.
그런 심리 상태가 이어진다면 올바른 주식투자가 될 수 없고
본인 실력도 발휘 할 수가 없고 발전도 기대할 수 없습니다.
한마디로 평정심을 잃은 상태에서 주식투자를 한다면 그 결과는 좋지 않을 것입니다.

언젠가 지인 형님께 이런 얘길 들은 적이 있습니다.
"내 얘기 한번 들어봐라
내가 주식을 해보니까 정신이 이상해지는 것 같더라.
수 백 만원 버는 날엔 네 형수한테 사랑한다. 고맙다 이러면서
애정표현도 하고 선물도 사주고 외식도 하고 애랑도 놀아주는데
손실이 난 날은 그냥 짜증내고 화내고 고함지르고 자잘한 거 지적하고 이런단 말이야?
그러니까 방금까지는 다정한 신랑이었는데 잠깐 사이에 신경질적인 사람으로 돌변 하는 거지
그러면 네 형수 입장에선 뭣 때문에 기분이 좋은지 나쁜지도 모르니까 뭘 어찌해야 할지 당황스러울 것 아냐~.
다정해서 애교 부렸더니 갑자기 성질내고 뭐 이런 식 인거지
내가 보고 있어도 내가 정신병자 같아. 그런데 같이 사는 사람은 오죽하겠냐?"
이런 얘기를 들은 적이 있습니다.

결국 계좌가 파래지면 불만과 짜증이고
계좌가 빨개지면 만족과 웃음이라면
그래서 그 감정들이 얼굴에 드러나고 마음에 곧이곧대로 반영된다면 정말 이상한 사람이 아닐 수 없습니다.
이런 상황들은 비단 가족뿐 아니라 대인관계에서도 좋은 영향을 미칠 리가 없습니다.

그런 직업을 죽을 때까지 하고 살아야 한다면 하지 말아야 할 직업입니다.
저도 주식 시장에 들어와 있습니다만 행복하지 않은 일을 하면서 죽는 날까지 이 직업을 가져야 한다면 차라리 지금 다른 일을 찾아보는 것이 맞다고 생각합니다.
스트레스 받으려고 주식 시장에 뛰어든 것은 아니잖습니까?

그래서 만족과 불만족을 오가며 이중적인 인격을 가지기보다는 모든 것을 긍정적으로 생각하고 긍정적으로 대처하는 자기 합리화가 필요합니다.

앞의 얘기를 다시 풀어 보자면
내가 매수한 자리가 항상 최저점이 될 가능성이 있나?
내가 매도한 자리가 항상 최고점이 될 가능성이 있나? 라고 물어 본다면
그럴 가능성은 희박하다는 것이 대체적인 대답입니다.

내가 매수한 자리가 늘 최저점이 될 수 없고 매도이후에도 상승할 수 있으니
매수 후에 하락하거나 매도 후에 상승하더라도 당연한 것으로 이해를 해

야 합니다.

당연한 일에 기분이 좋고 나쁘고 할 일도 없지 않습니까?

물론 추가하락이나 추가상승이 있으면 뭐가 문제인지 복기를 통한 공부는 해야 합니다.

다만 생각의 차이로 생기는 불만족감은 매사 긍정적인 마인도로 바꿔 극복해야 합니다. '컵에 물이 반밖에 안남았네'라고 하기보다 '컵에 아직 물이 반이나 남았네' 하는 식의 사고를 가져야 합니다.

예를 더 들어 보면

매도했더니 더 멋지게 상승하면

'아~ 내가 종목 보는 안목이 늘었구나.

이 종목은 어떤 어떤 부분이 좋은 점이었는데 정리를 해 둬야지" 이렇게 생각을 하고

매수 했더니 주가가 더 많이 하락하면

'좋은 종목을 저렴하게 더 살 수 있구나." 이렇게 생각을 하고

잘못 매수 했다면

'아~ 내가 무엇을 놓쳤구나.' 라고 깨닫는 계기로 삼으면 되고

잘 모르겠다면

'시간을 두고 지켜보면 되지' 이렇게 생각을 하는 것입니다.

손실이 깊어진 종목은
다른 종목이 수익 났을 때 같이 손절을 해 버리고
그래서 수익이 하나도 없어지면
'오늘은 매매 안했다.' 이렇게 생각하고

그래도 손실이 조금 있을 때는
'그래도 다른 거라도 수익 났으니 손실을 줄였잖아, 손실을 줄였으면 다행
이지' 라고 생각을 하는 겁니다.

매도 타이밍을 놓쳐서 수익을 챙기지 못했다 하더라도
'역시 종목선정은 잘 했구만' 하는 만족감과
'손실 아닌 게 어디야' 라는 긍정으로 생각하고

그래야지만 주식을 하는 동안에 불만족이나 스트레스를 줄일 수 있지 않
겠습니까?
그런데 늘 불만 가득한 생각으로 주식을 대하면
행복한 마음이 될 수 없고 자신의 발전에 해가 될 뿐입니다.

이런 발상의 전환을 통한 자기합리화는 남한테 피해를 주는 것이 아닙니
다. 다만 똑같은 상황을 놓고 해석만 조금 달리 할 뿐입니다. 그런데 그 차
이는 크게 다가오지요? 자기합리화를 통해 내 마음이 편해진다면 못할 이
유도 없지 않겠습니까?

저도 지금껏 그런 자기합리화 과정을 숱하게 겪으며 지금에 이르렀습니

다. 결국 원효대사의 해골물처럼 모든 것은 마음먹기에 달렸다고 말할 수 있겠습니다.

이런 얘기를 하다보니 문득 과거 제 아이와 관련된 마음아픈 사건 하나가 떠오릅니다.
손실이 난 어느 날 이었는데 돌이 갓 지난 아들이 숟가락을 입에 물고 저에게 엉금엉금 기어 오는데 그 애를 안아줄 마음이 안 나서 애 엄마를 부르고는
'애 데려가라~' 하고 안아주지도 않았던 기억이 있습니다.
그날 감정이 대체 어땠기에, 그깟 주식이 뭐라고 사랑스런 아들을 안아주지도 못할 아빠가 됐었을까요?

그런 저의 모습을 보면서 느낀 것은
주식인의 마음가짐은 내 마음의 감정을 가벼이 표현하지 말고 어느 한쪽으로 급격히 치우침 없이 평정심을 유지해야 한다는 것을 깨달았습니다.

그래야만 스스로 행복해지고 가족을 비롯한 주위사람 모두가 행복해질 수 있습니다. 평정심을 잃고 그날 그날 자신의 감정대로 행동한다면 주식투자 성공은 요원한 얘기가 될 것입니다.
행복한 직업을 위하여 행복한 자신을 위하여
남에게 피해 줄 일도 없는 자기합리화가 꼭 필요하다 하겠습니다.

[산호님의 처방전]

Q. 마인드 관리를 위해 자기합리화가 필요

A. 내가 매수한 자리가 늘 최저점이 될 수 없고 매도이후에도 상승할 수 있으니, 매수 후에 하락하거나 매도 후에 상승하더라도 당연한 것으로 이해를 해야 합니다.

당연한 일에 기분이 좋고 나쁘고 할 일도 없지 않습니까? 주식인의 마음가짐은 내 마음의 감정을 가벼이 표현하지 말고 어느 한쪽으로 급격히 치우침 없이 평정심을 유지해야 합니다.

이웃집 아들이 변한 것이 아니라 내가 변한 것이다.

– 여씨춘추

其鄰之子非變也, 己則變矣.
기 린 지 자 비 변 야　기 즉 변 의

其 : 기 그	**鄰** : 린 이웃	**之** : 지 어조사
子 : 자 아들	**非** : 비 아니다	**變** : 변 변하다
也 : 야 어조사	**己** : 기 자기	**則** : 즉 곧
矣 : 의 어조사		

"여씨춘추(呂氏春秋)" '거우(去尤)'편에 도끼를 잃어버린 사람 이야기가 나온다.

도끼를 잃어버린 사람이 있었는데, 그 이웃집 아들을 의심하여 걸음걸이를 보니 도끼를 훔쳐간 것 같고, 안색을 살펴봐도 도끼를 훔쳐간 것 같고, 말투를 살펴봐도 도끼를 훔쳐간 것 같아, 모든 동작과 태도가 도끼를 훔친 것처럼 보이지 않는 것이 없었다. 얼마 뒤 골짜기에서 도끼를 찾고 나서 다른 날 다시 그 이웃집 아들을 보니 그의 동작과 태도가 도끼를 훔친 것처럼 보이지 않았다. 그 이웃집 아들이 변한 것이 아니라 내가 변한 것이다. 변함이 다른 데 있는 것이 아니라 남을 탓한데 있었던 것이다.

의심생암귀(疑心生暗鬼)라는 말이 있다. 한 번 의심하기 시작하면 모든 것이 의심스럽기만 하고 무서워진다는 말이다. 이웃집 아들의 행동은 어제나 오늘이나 다르지 않았을 것이다. 어제는 내가 도끼를 훔쳤다고 의심하고 봤더니 사사건건 도둑놈처럼 보였고, 도끼를 찾고 난 후에 보니 오늘은 착해보였을 따름이다. 변한 것은 없다. 보는 사람의 마음에 따라 달리 보이는 것이다.

주식을 할 때 여러분은 대체로 기분이 좋았는가? 좋지 않았는가? 아마 대체로 좋지 않았을 것이다. 오르더라도 참지 못하고 최고점에서 팔지 못해 기분이 별로였을 테고, 떨어지면 떨어졌으니 죽을 맛이었을 테고, 한 종목이 올랐는데 한 종목이 떨어졌으니 수익이 없어 또 기분이 별로였을 것이다. 그럼 언제 기분이 좋아질까? 내 마음을 바꾸지 않으면 앞으로도 좋아지지 않을 것이다. 이웃집 아들놈의 행동처럼 내 주식상황은 예전이나 지금이나 변화가 없다. 내가 달리 봐야 한다. 달리 봐야 다른 관점의 매수와 매도의 눈이 열린다.

– 여씨춘추

其鄰之子非變也, 己則變矣.
기 린 지 자 비 변 야　기 즉 변 의

其	鄰	之	子	非	變	也	,
己	則	變	矣	.			

8

신용 미수,
주식 담보대출 에 대한 마인드

앞서 다른 이에게 투자금을 빌려 오는 것은 남의 행복을 담보로 성공확률 2%에 다시 도전하는 것과 같다는 말씀을 드린바 있습니다.

그렇다면 신용이나 미수, 주식담보대출은 어떨까요?
이길 준비와 검증이 되지 않은 상황이라면 신용이나 미수, 주식담보대출도 같은 얘기 아니겠습니까?

수익을 내게 된다면 더 빠른 속도로 낼 수 있습니다만
손실을 본다면 더 빠른 속도로 손실을 보고
원금대비 손실률이 커지기 때문에 반대매매 한번이면 원금이 다 날아가서
회복불가에 빠질 수 있습니다.
이것은 넘어진 자신을 못 일어나도록 한 번 더 밟는 것과 다르지 않습니다.

일가친지, 지인들의 돈은 갚아야하는 시기를 조절 할 수도 있고 때론 못 갚는다 하더라도 형편이 풀리면 갚을 수도 있습니다. 또는 정도에 따라서 안 갚아도 되는 돈일 수도 있습니다.

그러나 신용이나 미수, 주식담보대출 등은 그런 사정을 봐주지 않습니다. 계좌상태가 자신들이 손실로 돌아설 위기가 되면 강제집행을 해 버립니다.

그리고 신용이나 미수 또는 주식담보대출을 지원해주는 사람들의 생각은 그저 금융사업 일뿐이고 여러분이 성공할 확률은 관심도 없으며 어쩌면 성공확률이 높지 않다는 것도 알고 있습니다.
그럼에도 불구하고 그런 상품들을 쏟아내는 것은 여러분이 돈을 잃든 말든 여러분의 원금을 능력 밖의 금액으로 부풀려 부풀려진 매매수수료가 탐났을 수 있습니다.
100만원 가진 사람의 수수료를 받는 것과 그것을 300만원으로 부풀려 수수료를 받는 것은 3배나 차이가 나고 돈을 빌려준 대가로 매매수수료를 독점 할 수 있기 때문입니다.

여러 매체에 주식담보대출 광고를 하는 모델들을 보면 그 모델의 인지도를 이용해 투자자들에게 돈을 빌려주고 2% 성공확률 밖에 없는 이들에게 빚을 가져다 쓰라고 유혹하는 것은 아닌지 묻고 싶습니다.
그 모델이야 자신의 초상권을 제공한 대가로 모델료를 받지만 그 모델을 보고 빚을 낸 투자자들을 빚쟁이로 내몰게 하는 결과를 낳게 되니까요.

물론 이길 수 있는 준비가 되고 검증이 끝난 다음 투자금을 늘리는 목적이라면 적은 투자금을 크게 늘리는 좋은 방법이 될 수 있고 빨리 일어설 수 있을 것입니다.
하지만 준비되지 않은 투자자에겐 없는 것이 좋다라고 할 수 있습니다.

주식담보대출을 제공하는 입장에서는 손실을 입는 전자의 경우보다 도움 되는 후자를 바라겠지만 우리 개인투자자의 98%는 손실을 입는 전자에 해당하는 것을 어떡합니까?

없는 돈에 자칫 빚까지 안게 된다면 현재를 살아가는 삶에도 치명적일 수 있습니다.
옛 어른들 말씀 중에 '빚 없고 몸 건강하면 살아갈 방법은 있다'라는 말이 있습니다. 얼마나 더 잘 사냐의 문제는 있겠지만 기본적인 의식주는 해결할 수 있으리라 봅니다.
그런데 그 와중에 빚까지 갚으며 살아야 한다는 것은 상상도 하기 싫은 일이고 일어나지 말아야 할 일입니다.
넘어진 것은 넘어진 것이지만 재기의 발판까지 스스로 걷어 차버리는 상황이라 할 수 있습니다.

주식투자는 인생역전을 위한 도구라기보다는 지금 살고 있는 삶보다 조금 더 나은 삶을 위한 도구로 생각해야 합니다. 분에 넘치는 투자금으로 무리수를 두는 것은 자기 그릇 밖의 욕심을 부리는 것이라 할 수 있습니다.

저는 신용이나 미수, 주식담보대출 이런 것들을 망라해서 미수사용이라고 합니다.
그래서 늘 강조하는 한마디는
'주식투자로 미수를 사용하는 것은 말 그대로 성공 미수에 그치는 것이다'라고 표현합니다.
성공에 실패했다는 뜻이지요.

제가 어릴 적에 본 불나방 얘길 하나 해 드리겠습니다.

동그란 백열등에 나방이나 하루살이 매미 등이 달려들어 전등에 부딪치면 그 소리가 '틱틱' 납니다. 하루살이는 약한 소리, 매미는 둔탁한 소리, 보고 있는 제가 지쳤으면 지쳤지 불나방들이 지쳐서 그만두는 경우는 못 봤습니다.

끊임없이 들이박는다는 얘기지요

그런데 그런 불나방들이 단 한번만 들이박고 죽는 경우가 있습니다. 그것은 바로 촛불을 보고 달려드는 것입니다.

하루살이가 연약한 몸으로 촛불을 전등으로 착각하고 달려들었다고 생각해 보십시오. 그 조그만 녀석이 한 번에 타죽지 않겠습니까?

어릴적 봤던 그 불나방이나 하루살이의 운명이 아무런 준비도 되지 않은 개인 투자자가 신용이나 미수 주식담보대출을 사용해서 무리하게 한 번에 승부 보려는 것과 다르지 않다는 생각을 했습니다.

여러분도 충분한 주식공부와 준비가 되어 있지 않다면 촛불 속에 날아드는 하루살이와 같습니다. 하루살이 얘기를 잘 기억 하시고 이길 준비가 되기 전까지는 조금의 유혹도 느끼지 말아야 할 것입니다.

신용 미수 주식담보대출은 '성공미수' 임을 꼭 기억하시기 바랍니다.

[산호님의 처방전]

Q. 신용 미수, 주식 담보대출에 대한 마인드

A. 주식투자는 인생역전을 위한 도구라기보다는 지금 살고 있는 삶보다 더 나은 삶을 위한 도구로 생각해야 합니다.

분에 넘치는 투자금으로 무리수를 두는 것은 자기 그릇 밖의 욕심을 부리는 것이라 할 수 있습니다.

장수는 화가 난다고 싸워서는 안 된다.

– 손자병법

將不可以慍而致戰

장 불 가 이 온 이 치 전

將 : **장** 장수   不 : **불** 아니다   可 : **가** 가하다

以 : **이** 써   慍 : **온** 성내다   而 : **이** 접속사

致 : **치** 이르다   戰 : **전** 싸우다

"손자병법(孫子兵法)" '화공(火攻)'편에 군주가 나라를 보존하고, 장수가 군대를 온전히 지킬 수 있는 방법이 나온다.

이로운 경우가 아니면 출동하지 말고, 승리를 얻을 수 있는 경우가 아니면 용병하지 말고, 위태로운 경우가 아니면 싸우지 말라. 군주는 노여움 때문에 군대를 일으켜서는 안 되고, 장수는 화가 난다고 싸워서는 안 된다. 이익에 부합하면 출동하고, 이익에 부합하지 않으면 멈춰야 한다. 노여움은 다시 기쁨이 될 수 있고 화는 다시 즐거움이 될 수 있지만, 망한 나라는 다시 보존될 수 없고 죽은 자는 다시 살릴 수 없다. 그러므로 '현명한 군주는 전쟁을 삼가고, 어진 장수는 싸움을 경계한다.'하였으니 이는 나라를 편안히 하고 군대를 온전히 하는 방도이다.

손자병법의 화공편은 불을 사용하여 공격하는 법에 대해 말하고 있다. 화공을 실행할 때는 반드시 조건을 갖추어야 하며 불을 연소시킬 도구를 평소에 갖추고 건조한 날씨와 바람을 잘 이용해야 한다고 말하고 있다. 자칫 불을 잘못 놓으면 우리 진영도 함께 쑥대밭이 되기 때문이다. 손자는 책에서 화공(火攻)에 대해 친절하게 설명한 후 군대를 가급적이면 일으키지 말라고 당부한다. 특히 자신의 감정에 휩싸여 화를 주체하지 못하고 덤벼들어 나라를 망하게 하고 군사들의 목숨을 잃게 해서는 안 된다고 말한다. 그렇게 되면 회복 불가능한 상태에 놓일 것이라는 충고도 잊지 않는다.

주식을 하고 가진 돈을 잃게 되면 빚을 낸다. 빚을 내는 마음은 어떤 상태일까? 아마 분노가 치밀어 올라 주체하지 못하는 상황일 것이다. 일단 멈추고 사태파악부터 해야 한다. 가슴 속에 불같이 타오르는 화를 이기지 못하고, 빚까지 얻어 다시 덤볐다가는 자칫 회복불능 상태로 갈 수 밖에 없다. 손자병법에서 진심으로 충고하고 있지 않는가? 장수는 화가 나 전투에 나가서는 안 된다고 말이다.

– 손자병법

將不可以慍而致戰

장 불 가 이 온 이 치 전

將	不	可	以	慍	而	致	戰

요행을
바라지 마라.

주식투자도 운이 따라주면 수익률에 도움이 될 수 있을 것입니다. 필자가 주식에 입문하여 주식을 배울 때는 분할매수는 배우지 못했고 몰빵으로 배웠습니다.

그 당시에 프로 딜러는 미수사용까지 한다고 배웠고 실제로 주변에서는 미수 사용으로 하루에도 원금대비 수 십 프로씩 수익을 내는 사람들이 있었습니다.

지금은 풀 베팅이나 미수사용은 '미친 짓' 이라고 생각합니다만 그때의 기억을 떠올려보면 원금이 전액 들어갔기 때문에 눈 깜짝할 사이에 수익이 크게 왔다 갔다 했습니다.

그래서 장을 지켜 볼 때는 언제라도 매도할 수 있게 마우스를 잡고 있었습니다. 자리를 비우기도 어려웠고 화장실을 갈 때도 급하게 다녀왔고 밥을 먹을 때도 급하게 먹었습니다. 마우스를 잡고 있는 손이 경직되어 손을 풀어주기도 했습니다.

그때 들었던 생각은

자리를 잠깐 비운 사이에 상한가 쳤으면~ 하는 요행을 바랬고 그리고 그 다음날은 장중에 고민할 필요도 없는 점상한가를 가주길 바라는 마음도 있었습니다. 저 말고도 다들 그랬을 겁니다.

또 내가 매수를 했는데 갑자기 정전이 되거나 인터넷이 끊겨 시세를 볼 수 없는 상황이 됐다가 다시 접속을 하면 큰 수익이 나 있길 바라는 공상도 할 때가 있었습니다.(스마트폰 매매가 안되던 시절입니다.)

주식을 해 보신 분이라면 비슷하게 공감하실 분 많으리라 봅니다.
요즘도 저는 지방 출장을 가거나 매매를 할 수 없는 곳에 갈 때는 내가 못 보는 사이에 가지고 있는 종목들이 올랐으면 하는 기대를 많이 합니다. 그것은 누구라도 그럴 것이라 생각합니다.

그래서 초창기에는 이것저것 막 사두고 마냥 올라줬으면 하는 기대감으로 지방출장을 다녀오곤 했는데요. 그것이 실제로 수익이 나서 좋을 때도 있었고 팔고 갈 걸~ 하는 후회를 한 적도 있었습니다.

그러나 지금은 상승해 주길 바라는 마음은 당연히 있지만 그 전에 꼭 하고 가는 일이 있습니다.

보유중인 종목을 냉정하게 체크하고 주문을 넣고 가는 일인데요
요행을 바라며 들고 있는 종목이 있으면 과감하게 매도를 하고
상승하면 매도 할 종목이라면 매도 주문을 넣고

추가 하락 시 매수 할 종목이라면 매수 주문을 넣고
보유할 종목이라면 그냥 그대로 두고 갑니다.

그러다보면 같은 종목이지만 가진 것을 매도하는 주문과 하락하면 추가
매수하는 주문을 동시에 넣기도 합니다.

막연한 행운을 바라는 마음을 거두고 각 종목마다 어떻게 할 것인가를 계
획을 잡아서 예약주문을 넣고 가는 것이지요.
그렇게 하고 나면 주식 투자자로서 내가 할 바는 다 했다고 생각을 합니다.

그 다음 기다리는 것이 내가 설계하고 계획한대로 움직여 주는 것이고 전
반적인 상승의 운을 기다리는 것이지요.

그 이후엔 제 능력 밖의 일 아니겠습니까?
그렇게 처리를 하고 출장 중에 체결 문자가 온다면 그 문자는 원하는 자리
에 매도 되었거나 매수가 되었다는 반가운 문자 알림이 되는 것입니다.

그렇게 문자 알림이 온다면 참 반가울 것 같지 않습니까?
그 반가운 문자가 올 확률은 요행을 기다리는 마음과는 전혀 다른 것이라
할 수 있습니다.

주식투자는 요행으로 되는 것이 아닙니다. 평소 철저한 공부를 통한 대응
전략을 잘 세워야 합니다. 그 이후에 주가가 내 계획대로 움직여 주길 바
라는 것이 올바른 자세입니다.

일시적인 요행으로 수익을 낼 수는 있겠지만, 그것은 연속성이 없습니다. '진인사 대천명'의 자세로 자신이 해야할 바를 다한 후에 결과를 기다리는 것이 주식인의 바람직한 자세입니다.

[산호님의 처방전]

Q. 요행을 바라지 마라.

A. 주식투자는 요행으로 되는 것이 아닙니다.

꾸준한 공부와 올바른 대응전략을 세운 후에 계획대로 주가가 움직여 주길 바라는 것이 바람직한 자세입니다.

요행은 연속성이 없으니, 해야 할 바를 묵묵히 다 한 다음 운을 기다려야 합니다.

[시봉님의 고전 속 명언 노트]

토끼는 다시 얻을 수 없었고, 자신은 송나라의 웃음거리가 되었다.

– 한비자

兎不可復得, 而身爲宋國笑.
토 불 가 부 득　이 신 위 송 국 소

兎 : **토** 토끼	**不** : **불** 아니다	**可** : **가** 가하다
復 : **부** 다시	**得** : **득** 얻다	**而** : **이** 접속사
身 : **신** 몸	**爲** : **위** 되다	**宋** : **송** 송나라
國 : **국** 나라	**笑** : **소** 웃다	

"한비자(韓非子)" '오두(五蠹)편'을 보면 재미있는 토끼와 농부 이야기가 나온다.

　어떤 송나라 사람이 밭을 갈고 있었다. 밭 가운데에는 그루터기가 있었는데, 토기가 달려가다 그루터기에 부딪혀 목이 부러져 죽었다. 그 일로 인하여 농부는 쟁기를 풀어놓고 그루터기를 지키면서 다시 토끼가 와서 부딪혀 죽기만을 기다렸으나, 토끼는 다시 잡히지 않았고 그 사람은 송나라 사람들의 웃음거리가 되었다. 지금 그 옛날 선왕 (先王)의 정치를 가지고 현대의 백성을 다스린다면 모두 그루터기를 지켜보는 것과 다를 바가 없다.

　한비자는 옛 성현의 말씀을 절대적인 가르침으로 받드는 유가(儒家)를 비

판했다. 옛 성현들이 비록 성공적인 정책으로 백성들의 삶을 윤택하게 했을지는 모르지만 그것은 어디까지나 그 당시에 맞는 정치를 폈기 때문이다. 그 옛날 정책을 현대로 가져와 그대로 적용하는 것은 시대착오적인 발상이며, 그루터기(풀이나 나무를 자르고 남은 아랫동아리)에 부딪혀 죽은 토끼를 기다리는 행동과 같다고 말한다.

주식을 하다 보면 누구나 상한가 한 번 치기 마련이다. 하늘을 날 듯 한 기분에 상한가가 몇날 며칠 이어지기를 바란다. 하지만 세상에 오르기만 하는 주식은 없다. 분명 떨어진다. 그렇게 상한가 한 번 치고 나면 내가 달라져 있다. 눈이 높아져있다. 4~5%의 웬만한 수익은 수익처럼도 안 보인다. 점점 급상승하는 빨간불을 기웃거리다 참지 못하고 불나방처럼 달려든다. 이때 대부분 상투를 잡고 손해를 본다. 상한가 한 번 쳤다고 그 종목이, 또 내가 산 다른 종목들이 또 상한가를 치라는 법은 없다. 이제는 토끼가 와서 부딪히기를 바라지 말고, 밭을 갈면서 토끼 오는 곳에 덫을 치는 현명한 농부가 돼야 하지 않겠는가?

– 혜환잡저

兔不可復得, 而身爲宋國笑.

토 불 가 부 득 　 이 신 위 송 국 소

兔	不	可	復	得	,	而	身
爲	宋	國	笑	.			

7

생각주머니와
생각의 되새김질

소는 여물을 처음에 먹으면 바로 삼켜서 소화시키지 못합니다. 그래서 가만히 있을 때도 앞서 먹었던 것을 끄집어내서 다시 씹는 과정들을 반복합니다.
부족한 소화능력을 보완하기 위하여 먹이를 다시 씹어주는 것으로 '소의 되새김질'이라고 합니다.

사람은 소와 달리 생각과 판단을 하는데, 매 순간마다 올바른 생각과 최선의 판단을 하는 것은 아닙니다.
놓치는 부분이 있기 마련이고 모르는 부분도 있고 잘못 생각하고 판단하는 경우도 있습니다. 그래서 그 당시에는 다소 부족한 대응으로 지나 갈수도 있지만 시간이 지나면 다시 생각 해 볼 수 있는 것이 생각의 되새김질입니다.

그래서 필자의 좌우명 중에 '생각주머니와 생각의 되새김질'이 있습니다.
매순간 올바른 판단을 할 수가 없고 또 그 당시에는 무엇이 최선인지 제대로 모를 수 있기 때문에 그 상황을 생각 주머니에 보관을 하는 것입니다.

그리고 생각주머니에 보관되어 있던 것을 자연스럽게 생각을 하거나 또는 유사한 일이 생겼을 때 끄집어내서 생각을 합니다.

그래서 그 당시에 무엇을 잘했고 무엇을 잘못했는지
그리고 또 무엇을 놓쳤는지 체크를 하고
앞으로 생기는 일이나 발생될 일에 참고를 하여 더 나은 판단을 하도록 참고합니다.

생각의 되새김질은 사람의 그릇을 키우는데 정말 필요한 사고방식입니다.
그리고 올바른 주식투자 공부에도 반드시 필요한 사고방식이라고 할 수 있습니다.

매매를 하는 순간에는 최고 나은 판단이 무엇인지 모를 수 있습니다만 시간이 지나서 살펴보면 명확해질 수가 있습니다. 그 명확함을 이용하여 그 당시의 생각을 확인하고 발전시키는 공부를 할 수 있습니다.

시간은 진실의 편이다,
시간이 지나면 진실은 밝혀진다,
그리고 시간을 가지고 생각하면 더 나은 판단을 할 수가 있다, 뭐 이런 생각인데 이 생각은 시공간을 초월하여 많은 해답을 줄 수가 있습니다.

제가 '세월'이라고 표현할 만큼 과거를 다시 생각해 본 일이 있었습니다.
좀 흥미 있는 얘기이니 편하게 한번 들어봐 주십시오.

저는 어릴 때 큰집에 살면서 구박을 받으며 자랐습니다. 어른이 되고 20대에 벌초를 하러 갔었는데 큰어머님께서 어쩐 일인지 밥을 해 놨으니 밥을 먹고 가라고 연락이 왔습니다. 하지만 저는 어릴 때 괄시받던 생각이 나서 흘려듣고 가지 않았습니다.

나중에 들으니 저에게 밥을 해 주시겠다고 시장가서 조기도 사고 반찬거리를 준비 하셨다고 합니다.

그런데 건강하시던 큰어머님이 얼마 되지 않아 갑자기 돌아가셨습니다.

그러고 나니 큰어머님의 그 '밥상'을 무시한 것이 후회됐고, 저 자신을 많이 자책했습니다.

그래서 정말 내가 잘못한 것일까를 고민하며 마음고생을 하던 중 그 죄책감을 씻어주는 사건 하나가 떠올랐습니다.

제가 5살 무렵일 때 제 눈높이의 담장에 100원짜리 동전이 몇 개 보이는 것이었습니다. 제가 늘 다니는 동선이고 제 눈높이에 잘 보이는 위치라 볼 때마다 그 돈이 가지고 싶었습니다.

며칠을 참다가 동전을 한 두 개 챙겼는데

그날 저녁에 '돈을 주웠으면 큰엄마한테 얘기를 하고 가져와야지 왜 그러지 않았냐'고 혼이 났습니다.

당시 초등학교와 중학교에 다니는 사촌누나와 형도 있었는데, 그 형, 누나들도 그 돈을 가지고 싶은 마음이 있었을 것입니다. 그런데 내가 그 돈을 가져가자마자 혼내시는 것을 보니 '아 큰어머니가 나를 시험해 보셨구나'라는 생각을 문득 했습니다.

어린 5살짜리 꼬맹이가 뭘 알거라고 그런 시험에 들게 했는지 온가족이 그랬다는 것이 참 나쁜짓이다. 라는 생각이 들었습니다.

그 일 말고도 다른 '사건'이 떠오릅니다.

성냥통속에 금반지를 본적이 있습니다. 그것도 며칠씩 지켜보다가 큰어머님 가져다 드렸던 적이 있는데 내 눈에 며칠씩이고 띄었다는 것도 결국 나를 시험하기 위함이라 생각하니 참으로 애석했습니다. 저는 4살 때부터 나무불을 피워 군불을 땠고 라이터가 없던 시절에 성냥통은 하나만 사용하던 시절이니 성냥통에 금반지는 누구라도 자주보는 상황입니다.

처음엔 동전으로 사람을 시험에 들게 하더니

그 다음엔 확인 차 성냥통에 금반지를 넣어서 또 다시 시험에 들게 한 것이지요.

그런 생각들을 하니 그 시절에 내가 알지 못했던 진실들도 보이면서 큰어머님이 나쁜 어른이었음이 명확해 지는 것이었습니다.

생각의 되새김질처럼 그때 일을 생각하니 큰어머님이 차려주신 밥상을 안 먹었던 죄책감이 눈 녹듯 사라지는 것이었습니다.

지금까지 얘기는 5살 무렵에 있었던 저의 얘기를 30대가 넘었을 때 생각해 낸 것입니다. 시간을 거슬러 생각했더니 그 당시 그들의 진심을 알 수 있는 지혜의 눈이 생겼다고 할 수 있겠지요.

살다보면 시간이 지남에 따라 점점 좋아지는 사람이 있고 점점 미워지는 사람이 있는데 아마도 본인의 무의식중에 과거의 어느 일들이 진실이 무엇인지 알게 되었기 때문이 아닐까 싶습니다.

사람은 생각하는 동물이라고 합니다.

지금 당장은 최선을 다하지 못했을 수 있습니다. 하지만 시간이 지나서 다시 되돌아보면 그 당시 보이지 않았던 진실을 많이 볼 수 있습니다. 그 과정들을 통해서 변화하고 발전시키다 보면 과거보다 분명히 나아지는 사람이 될 수 있습니다.

그것은 일상생활이나 주식투자도 마찬가지입니다.

'생각주머니와 생각의 되새김질', 발전적인 사람으로 변해 가는데 꼭 필요한 것이라 하겠습니다.

[산호님의 처방전]

Q. 생각주머니와 생각의 되새김질

A. '시간은 진실의 편이다, 시간이 지나면 진실은 밝혀진다, 그리고 시간을 가지고 생각하면 더 나은 판단을 할 수가 있다'

이러한 생각들은 시공간을 초월하여 우리에게 많은 해답을 줄 수가 있습니다.

인생은 관 뚜껑을 덮어야 결론이 나는 법이다.

– 명사

人生蓋棺論定
인 생 개 관 논 정

人 : 인 사람   **生** : 생 살다   **蓋** : 개 덮다

棺 : 관 관   **論** : 논 논하다   **定** : 정 정하다

"명사(明史)" '유대하열전(劉大夏列傳)'에 다음과 같은 글이 있다.

인생은 관 뚜껑을 덮어야 결론이 나는 법, 하루라도 아직 죽지 않았다면 바로 그 하루만큼 아직 책임이 끝나지 않은 것이다. [人生蓋棺論定, 一日未死, 卽一日憂責未已.]

　사람이 죽은 후에야 비로소 그 사람에 대한 평가가 제대로 된다는 개관사정(蓋棺事定)에 대해 말하고 있다. 본래 개관사정은 두보(杜甫)의 '군불견간소혜(君不見簡蘇徯)'라는 시에서 나온다. 이 시는 두보가 실의에 빠져있는 소혜라는 친구 아들에게 써준 시이다.

　너는 보지 못했느냐? 길에 버려진 연못을

　너는 보지 못했느냐? 부러져 꺾인 오동나무를

　백 년 지난 죽은 나무 거문고 만들기 알맞고

　열 말의 오래된 물에 교룡이 숨기도 한다네.

장부는 관 뚜껑이 덮여야 일이 비로소 정해지거늘
그대는 다행히 아직 늙은이가 아니니
초췌한 몰골로 산중에 있음을 한할 일이 뭐 있겠나.
깊은 산속 험한 골짜기 사람 살 곳이 못 되고
벼락 치고 귀신 나오고 광풍까지 분다네.

소혜는 이 시를 받고 얼마나 힘이 났을까? 세상에서 버려져 산속에 처박혀 있는 자신을 향해 시성(詩聖)이라고 추앙받는 두보가 시를 써주었다. 사람이 관 뚜껑 닫기 전에는 어찌 될지 아무도 모르니 이런 험한 골짜기에 있지 말고 저 넓은 세상으로 나가라고 한다. '그대는 아직 나처럼 늙은이가 아니지 않은가?'라며 등을 두드려 세상으로 살며시 밀어주는 두보로 인해 소혜는 세상에 나갈 용기를 얻었을 것이다.

사람은 죽고 나서야 바르게 평가될 수 있다고 한다. 한 사람을 온전히 평가하는데 참으로 오랜 기다림이 필요하다. 죽을 때까지 기다려야 하니 말이다. 그런데 우리는 주식을 하면서 단 몇 달 만에 아니 단 몇 주 만에 그 주식의 가치를 평가하려고 하니 너무 성급한 것은 아닌가?

— 명사

人生蓋棺論定
인 생 개 관 논 정

人	生	蓋	棺	論	定		

11

유레카를 외치는 깨달음과
실천하겠다는 의지

주식을 시작하고 '아~ 이거구나'라고 깨달음을 느낀 적이 많았습니다.
저점과 고점을 알 수 있는 '키스마크 이론'
좋은 호가창을 구별하는 '호가창사과론'
그리고 좋은 상한가를 구별하는 '상한가 진입시 호가창',
'은밀한 거래량' 등을 알았을 때 그 희열은 이루 말할 수가 없었습니다.

그 기분은 누구와 싸워도 이길 수 있는 절대보검을 가지고 아르키메데스
의 유레카를 외치는 것과 다르지 않았습니다.
하지만 이론 하나를 깨닫고 주식 투자를 했을 때 결과는 그다지 만족스럽
지 않았습니다. 매번 이길 것만 같았던 이론은 승률이 그다지 따라주지 않
았고 그럴 때마다 실망감이 왔습니다.

그러다가 또 새로운 이론을 하나 깨닫고 나면
그 깨달음을 버리고 새로운 이론으로 갈아타기 바빴습니다.
하지만 새로이 갈아탄 이론도 역시나 승률은 그다지 받쳐주지 않았습니다.

그래서 이 이론이 맞나? 저 이론이 맞나?

하나의 올바른 이론을 찾아 헤맸다고 보면 맞는데 시간이 지나서보니 깨닫고 버리고를 반복했던 그 유레카는 실제로 유레카가 맞았습니다. 유레카가 맞긴 맞았는데 그 유레카는 어떤 현상이 왜 나타났는가에 대한 깨달음에 불과한 것이지 주가가 상승할 것이라고 알려주는 지표는 아니다라는 결론을 얻었습니다.

결국 유레카를 외쳤던 그 깨달음은 주식 시장에서 알아야할 수많은 지식들 중에 한 가지에 불과했고 수치로 본다면 0.1%나 0.01% 에 불과했다는 것입니다.

결국 그 유레카가 10번 정도 반복이 되면 승률이 1%상승하거나 0.1% 상승하는 정도에 불과하고 꾸준한 승률 상승을 위해서는 유레카를 수백 수천 번은 외쳐야지만 승률 높은 투자자로 변해 갈수 있다는 것입니다.

처음 깨달음을 얻었을 때는 세상을 다 가진 기분이었지만 그것이 수십, 수백번 반복되다보니 그 깨달음은 승률이 아주 미미하게 상승되는 것이란 결론을 얻었고 그러한 깨달음 뒤에도

계속적으로 새로운 깨달음이 느껴지는 것을 보면 현재 내가 알고 있는 것은 겨우 2%에 불과하구나라는 겸손한 마음을 가집니다.

그런 생각을 하다 보니 주식시장에서 내가 좀 안다고 으스대는 것은 경솔한 짓이란 생각이 들었습니다. '내가 알면 얼마나 알까, 그래봐야 부처님 손바닥 안인 것을...' 그런 마음입니다. 여전히 저는 주식시장에서 알아야 할 것들이 98%나 남았다고 생각하고 있습니다.

유레카를 외치고

또 공부해서 유레카를 외치고

그 유레카를 외치다 목이 쉴 정도가 되면 겨우 승률이 조금 올라간 투자자가 될 것입니다. 승률 높은 투자자의 길은 세월을 이기듯 꾸준히 공부하며 유레카가 쌓일 때 가능한 일입니다. 당장 눈앞에 이익에 마음 흔들리지 말고 세월을 이기듯 꾸준한 공부와 유레카가 필요할 것입니다.

[산호님의 처방전]

Q. 유레카를 외치는 깨달음과 실천하겠다는 의지

A. 유레카는 어떤 현상이 왜 나타났는가에 대한 깨달음에 불과한 것이지 주가가 상승할 것이라고 알려주는 지표는 아니라는 결론을 얻었습니다.

주식 시장 앞에서 안다고 까부는 것은 경솔한 짓이며 내가 안다고 해봐야 겨우 2%에 불과하다는 겸손한 마음과 앞으로 알아야 할 것들이 98%나 남았다는 마음가짐이 필요합니다.

일일이 한 잎씩 자신을 가렸다.

– 태평어람

一一以葉自鄣

일 일 이 옆 자 장

一 : **일** 하나   以 : **이** 써   葉 : **옆** 잎사귀

自 : **자** 스스로   鄣 : **장** 막다

"태평어람(太平御覽)" '당랑(螳螂)' 편을 보면 투명인간이 되기를 바라는 사람이 나온다.

초나라에 가난하게 사는 사람이 있었다. '회남방'을 읽다가 '사마귀가 매미를 노릴 때 자신을 감추던 나뭇잎을 얻으면 모습을 감출 수 있다.'라는 구절을 본다. 이에 나무 아래로 가서 나뭇잎을 취하려고 올려다보는데 마침 사마귀가 나뭇잎을 잡고 매미를 노리고 있어서 그 나뭇잎을 땄다. 그런데 그만 그 나뭇잎이 나무 아래로 떨어졌는데 그 곳에는 먼저 떨어진 잎들이 수북하게 쌓여 있어 떨어진 그 나뭇잎을 분별할 수 없었다. 사내는 몇 말이나 되는 나뭇잎을 쓸어 담아 집으로 돌아와 일일이 한 잎씩 자신을 가리며 아내에게 물었다. "당신은 내가 보이오?" 아내는 처음에는 항상 보인다고 대답하다가 하루가 지날 때쯤 짜증나고 힘들어 견지디 못하고 보이지 않는다고 말했다. 사내는 입을 꽉 다물고 크게 기뻐했다. 그리고 그 나뭇잎을 가지고 시장으로 가서 다른 사람이 보는데도 남의 물건을 훔치다 관리에게 묶여 관아로 끌려간다. 현령이 이유를 묻자 사내는 자초지종을 말했다. 현령이 크게 웃고 죄를 다스리지 않고 놓아주었다.

인간에게 투명인간의 꿈은 예전이나 지금이나 있나보다. 그런데 투명인간이 돼서 착한 일 했다는 이야기가 과거나 현재 모두 들리지 않는 것으로 보아 어쩌면 투명인간이라는 능력은 인류의 존립을 흔들 수 있어 진화되지 않은 능력인지도 모르겠다. 투명인간들이 막 돌아다닌다면 세상이 얼마나 혼란스럽겠는가?

초나라 사내는 가난에서 벗어날 욕심에 나뭇잎 하나에 자신의 인생을 걸었다. 책 속에 뜬구름 같은 한 구절을 읽고 어깨에 잔뜩 힘을 주고 시장으로 향했다. 이제 자신은 부자가 될 것이라고 생각하면서 말이다. 가난을 벗어나게 하는 것은 나뭇잎 한 장에 있지 않다. 사내의 모습에서 매일 아침 9시에 주식시장으로 향하는 우리의 모습이 겹쳐 보인다.

– 태평어람

一 一 以 葉 自 鄣
일   일   이   엽   자   장

一	一	以	葉	自	鄣		

12

배운 것을 실천하겠다는
강한 의지

주식투자를 하다보면 반드시 해야만 하는 것이 있고 하지 말아야 할 것이 있습니다. 꼭 해야만 하는 것이라면 분할매수, 비중조절, 닥챙(닥치고 챙기기), 밥숟가락 두 개 등이 있습니다. 하지 말아야 할 것이라면 추격매수, 몰빵, 미수 등 입니다.

그 외에도 열거되지 않은 많은 것들이 있는데 주식 시장에는 다른 무엇과 달리 어느 하나만 어기더라도 성공할 수 없다는 명제가 있습니다.

예를 들어
지켜야 할 것 열개를 지키고 한 개를 어기면 그 하나쯤이야~ 이렇게 생각할 수 있습니다만 주식 시장에서는 어기는 한 개 때문에 나머지 모두를 망가트리게 됩니다.

시험에서는 10문제 중에 한 문제 틀리면 90점을 맞겠지만, 주식 시장에서는 한 개를 어긴 순간 90점이 아니라 그냥 '깡통'이라는 결과만 기다리게 됩니다.

그뿐만 아니라 1년 365일 늘 지키다가도 한번 지켜지지 않았을 때 큰 사고를 불러오기 마련이며 그 결과는 그 동안의 노력 모두를 빼앗아가게 됩니다.

그래서 주식 투자는 배운 것을 얼마나 잘 실천하느냐에 달렸다고 할 수 있습니다.
매수 후에 큰 수익이 났음에도 더 상승하겠지 하는 마음으로 버티다가 결국 손실로 돌아서거나
물렸던 종목이 본전 근처에 오면 잘라서 버려야 함에도 수익을 기대하고 버티거나
하는 행동들은 시간이 지나서 분석을 해 보면 결국 아는 것을 실천하지 않아서 생기는 불상사입니다.

그래서 주식투자는 '배운 것을 실천하는 게임이다' 라고도 표현할 수 있고 그래서 제가 지어낸 말이 있는데

'배운 것을 실천하지 않으면 개○○다' 라는 다소 거친 어록입니다.

이 어록의 기원은 시골에 어른들이 너무 억울할 때나 결백을 주장할 때
'내가 그런 짓을 했으면 개○○요'
이런 거친 말을 했는데 시골 사람들이다 보니 말주변도 변변찮고 논리적이지 않아 동물에 빗대서 자신을 낮춰가면서도 사용했던 것으로 보입니다.

그런데 종종 필자에게 사인을 받아 가시는 분들 중에 이 문구를 꼭 적어 달라고 하시는 분들이 있습니다. 차마 다 적어드릴수가 없어서 동그라미 처

리를 해 드리긴 합니다만 그만큼 실천하는 것이 중요하다고 스스로 깨닫기 때문일 것입니다.

배운 것을 실천하지 않는다면 성공투자는 여러분의 것이 될 수 없습니다. 여러분이 성공하자면 다른 이의 손을 빌릴 수도 없고 여러분 스스로가 꼭 해 내야만 하는 자기와의 싸움입니다.

어릴 때 시골에서 자랐는데 보리타작을 할 때면 거의 실신 직전이 됩니다. 그때 새집 어머님께서 저에게 해 주신 말씀이 있습니다.

'성훈아 보리타작이 힘들어도 이걸 안하면 내는 죽는다고 생각을 해라' 이런 말씀을 하셨는데
보리타작은 알이 들어 있는 보리더미를 가져다 나르는 사람이 있고
기계속으로 밀어넣는 사람이 있으며
보리를 바람에 날려서 알을 건지는 사람이 있고
타작 후에 그 짚을 나르고 더미를 쌓는 역할이 있습니다.

저는 더미를 나르고 쌓는 역할인데 제가 하지 않으면 누가 도와줄 리도 없고 그것을 안 하고 도망을 갈수도 없었습니다. 해가 졌다고 마무리 되는 것이 아니라 어두워져도 마무리가 되어야지만 마치고 잠자리로 들어 갈수가 있었습니다.

그때 당시 보리타작을 하며 생긴 수포가 아직도 얼굴에 흉터로 자리 잡고 있습니다. 이 글을 쓰면서 거울을 들여다보니 나이 들어가는 얼굴색에 묻

히긴 했습니다만 그때의 흔적은 아직도 남아있고 제 가슴과 머리속엔 '사람은 하기 싫어도 해야만 하는 일이라는 게 있다'라는 신조로 남아 있습니다.

사람으로서 자기 위치에 맞는 일을 해 내야지만 자신의 자리가 유지되듯 주식투자에서도 배운 것을 실천해야지만 성공투자와 가까워 질 수 있습니다.
배운 것이 올바른 것이라면 실천하고 말겠다는 굳은 의지를 가져야 할 것입니다.

[산호님의 처방전]

Q. 배운 것을 실천하겠다는 강한 의지

A. 지켜야 할 것 열개를 지키고 한 개를 어기면 그 하나쯤이야~ 이렇게 생각할 수 있습니다만 주식 시장에서는 어기는 한 개 때문에 나머지 모두를 망가트리게 됩니다.

사람으로서 자기 위치에 맞는 일을 해 내야지만 자신의 자리가 유지되듯 주식투자에서도 배운 것을 실천해야지만 성공투자와 가까워 질 수 있습니다.

양을 잃어버린 것은 마찬가지다.

– 장자

其 於 亡 羊, 均 也.
기   어   망   양   균   야

其 : 기 그 　　　　 **於** : 어 어조사 　　　　 **亡** : 망 잃다

羊 : 양 양 　　　　 **均** : 균 고르다 　　　　 **也** : 야 어조사

"장자(莊子)" '변무(騈拇)'편을 보면 양을 잃어버린 두 사람 이야기가 있다.

장(臧)과 곡(穀) 두 사람이 함께 양을 치다가 그 양을 모두 잃어버렸다. 장에게 무슨 일을 하고 있었는지 묻자 채찍을 옆구리에 끼고 책을 읽고 있었다고 했다. 곡에게 무슨 일을 하고 있었는지 묻자 주사위놀이(도박)를 하고 있었다고 했다. 이 두 사람은 하고 있던 일이 같지는 않지만 양을 잃어버린 것은 마찬가지다. 백이는 수양산 아래에서 명예를 위해 죽었고 도척은 동릉 위에서 이익을 탐하다 죽었다. 이 두 사람은 죽은 목적은 같지 않으나 생명을 해치고 본성을 훼손시킨 것은 마찬가지다. 어찌 꼭 백이를 옳다 하고 도척을 그르다 하겠는가?

두 사람에게 양을 잘 보살피라고 맡겼다. 그런데 한 명을 열심히 책을 보다가, 또 한 명은 도박을 하다가 모두 양을 잃어버렸다. 여러분이 양의 주인이라면 어떤 생각이 드는가? 책을 본 놈은 기특하고, 도박을 한 놈은 미운가? 만약 그 양이 없으면 가족이 먹고살 길이 끊어진다면 또 어떻겠는가? 그때도 책을 본 놈은 예쁘고, 도박을 한 놈은 밉겠는가?

백이는 신하가 임금을 시해하는 세상이 싫다고 수양산으로 들어가 고사리만 캐먹다 굶어 죽은 의인이고 도척은 동양 경전에 자주 등장하는 최고의 도둑이다. 장자는 이 두 사람 모두 자신의 신념을 위해 죽은 것은 마찬가지니 누구를 옳다 그르다 할 수 없다고 말한다. 장자의 말대로 생각해보자. 여러분이 이제 7살인데 아버지가 신념을 위해 죽으면 괜찮고, 도둑질하다 죽으면 안 괜찮은가? 그 나이에 아버지는 죽지 않고 살아있어야 괜찮은 것이다.

주식을 하면서 꼭 지키려고 굳게 마음먹은 일이 있다. 시간이 지나면 처음과 다르게 잘 지키지 않는다. 그럴싸한 핑계거리를 잘도 가져다 붙이면서 미룬다. 그렇다면 생각해보자. 좋은 일을 하다가 자신과의 약속을 못 지켜 돈을 다 잃어버리면 괜찮고, 나쁜 일을 하다가 돈을 다 잃어버리면 안 괜찮은가? 둘 모두 돈을 다 잃어버린 건 마찬가지다. 그러니 좋은 핑계거리를 찾기보다는 할 일을 꼭 해내는 습관을 갖자.

其於亡羊, 均也.
기 어 망 양 균 야

其 於 亡 羊, 均 也.

05

나 자신에게서 벗어나 관점을 넓혀라

1 자기 자신에서 벗어날 줄 알아야 모두를 볼 수 있다. 2 세력은 존재하는가? 그들은 누구인가? 3 주가는 하락해도 돈 버는 사람들이 존재한다. 4 차트에는 유형과 사이클이 있다. 5 입장이 다른 사람들 6 좋은 종목을 고르는 방법

1

자기 자신에서 벗어날 줄 알아야 모두를 볼 수 있다.

사람이 자신의 한계를 뛰어넘어 자신의 그릇을 키우고 성장하는 것은 쉬운 일이 아닙니다. 변화없는 일상들이 이어지다보면 새로운 일이 생기지 않고 새로운 일이 생기지 않다보면 새로운 생각꺼리를 가지지 못합니다.

자칫 생각하는대로 살아가는 것이 아닌 살아가는대로 생각하는 지경에 이르게 됩니다.

그런 시간들이 익숙해지면 새롭고 창의적인 형태의 사고를 할 수가 없습니다. 결국 고정관념에 사로잡히게 되고, 경우에 따라서는 교만에 빠질 수 있습니다.

대부분의 주식투자는 자기 한계 내에서 생각하고 투자를 하게 됩니다. 성공적인 투자를 하자면 자신의 한계를 넘어서고 지속적인 성장을 해야지만 성공투자에 가까워 질 수 있는데 자기 그릇을 깨고 성장하는 방법을 잘 모릅니다.

예를 들어보면

돈을 벌고 싶은 자기 입장만 생각하고

어떻게 하면 잃는가 하는 생각 없이 오로지 버는 방법만 찾아다닙니다.

또 스스로 합리적인 생각으로 해답을 찾는 것이 아니라 다른 이가 쓴 책이나 다른 이가 하는 말, 즉 내가 아닌 다른 것, 다른 곳에서 해답을 찾으려고 합니다.

저도 한때는 주식책 수 십 권만 읽으면 수익을 낼 것이라고 생각해 본적이 있고, 그걸로 안 되면 수 백 권 읽지, 라고 생각해 본 적 있습니다.

그만큼 내가 아니라 주식을 잘 하는 사람들이 썼을 책을 공부하면 해답이 있을 것이란 생각을 했습니다.

그런데 책의 내용과 주식투자 실전은 생각보다 차이가 많았습니다. 그래서 저의 방식으로 검증을 하며 이유를 찾고 개선하다보니 발전이 되는 것들이 많았습니다.

책을 그릇이라고 생각한다면 그 그릇들을 벗어나 생각을 해 보니 책을 뛰어넘는 나만의 이론이 생기더라는 것입니다.

여러분도 자신의 한계를 뛰어넘어 성장하자면 스스로의 틀을 깨야만 하는데, 스스로도 깰 수 있다는 것과 노력을 해 보시라고 말씀 드리고 싶습니다.

독자 여러분도 누군가와 다툼을 하거나 갈등을 겪을 때가 있었을 것입니다. 그 대상이 친구일수도 있고 가족일수도 있고 직장동료 일수도 있고 그게 누구라도 상관없습니다. 그럴 때마다 스스로 해결책을 찾아가긴 하지만 때때로 주변인에게 상담을 하며 조언을 구해 보지 않았습니까?

그러면 그 주변인은 제3자 입장에서 나를 살피고 나와 갈등 있는 사람의 입장도 살피고 그 이후에 적절한 조언을 해 줍니다.

이렇게 여러 각도에서 상황을 살피게 되는데, 자신의 입장만을 생각하던 나와는 달리 나를 뛰어넘어 다른이의 입장도 살피는 내 능력 밖의 능력을 가진 조언자가 되어줍니다. 결국 내 입장만 생각하던 내 한계를 넘어선 조언자가 된다는 것이지요. 조언자는 나보다 더 큰 그림을 본 것이라 할 수 있는데 여러분도 주변 사람들에게 조언을 해 주었던 때가 분명히 있었을 것입니다. 그 순간만큼은 자기 자신에서 벗어나 모두를 살필 수 있는 혜안을 가졌던 것이지요.

결국 여러분도 모두를 볼 수 있는 혜안이 있는데 자기 그릇 안에 갇혀서 그 혜안을 사용하지 못하고 있을 뿐이었습니다.

정리를 해보면
내 생각만 하지 말고 나를 벗어나면
나를 포함한 다른 것도 볼 수 있다는 것인데
간단히 생각하면 입장을 바꾸어 보는 것이고
입장을 바꾼 두 사람을 동시에 볼 수 있으며 제 3자의 눈을 가지는 것입니다.

결국
나를 벗어나면 세 가지 이상의 시각을 가질 수 있습니다.
그 능력은 특별한 누군가만이 가진 것이 아니라 여러분도 누군가의 조언자가 되었듯이 대부분의 사람들이 다 가지고 있는데 활용하지 못할 뿐입니다.

거기서 한걸음 더 나아가 자신에게 처방전을 알려주면
그 처방전이 여러분이 나아가야 할 방향이라는 것이고
더 혹독한 성장을 원한다면
자신을 공격해보는 것도 단점을 알려주는 방법이 될 수 있습니다.
다소 어려운 얘기일 수 있습니다만 성장으로 가는 데는 꼭 필요한 과정입니다.

제가 좀 더 쉬운 예를 들어 부연 설명을 해보겠습니다.
어두운 길을 운전 해 갈 때입니다.
어두운 색깔의 옷을 입은 행인이 길을 건너다 사고가 날 뻔 했는데요

그 과정을 보면 이렇습니다.
운전자는 어두운 색깔의 옷을 입은 행인을 볼 수가 없었습니다.
하지만 행인은 밝게 불을 밝힌 자동차를 잘 볼 수 있었고
자신이 자동차를 확실히 봤기 때문에 자동차도 자신을 봤을 것이라 생각하고 '보호해 주겠지' 라는 마음으로 횡단을 합니다.

하지만 자동차 운전자는
어두운 옷을 입고 있는 행인을 볼 수가 없었고
갑자기 튀어 나와 헤드라이트 앞에 나타났을 때 행인임을 알 수가 있다는 것입니다.

행인은 '자동차가 나를 보지 못 했어' 라는 가정이 필요하고
자동차는 '행인이 갑자기 튀어 나올 거야' 라는 생각을 해야지만 사고가
예방 되는 것입니다. 운전자는 항상 방어운전을 해야 하고 행인은 자신과
운전자의 상황 모두를 살펴야 한다는 얘기입니다.

주식 시장에는 여러 부류의 사람이 있습니다.
물량을 팔고 싶은 사람, 사고 싶은 사람, 구경중인 사람, 대주주, 투기세력
등등 온갖 사람들이 있습니다. 내 입장 내 생각만 하지 말고 모두를 보는
시각이 꼭 필요하다 하겠습니다.
그리고 그 모두를 보는 시각은 나를 벗어나는데서 시작합니다.

[산호님의 처방전]

Q. 자기 자신에서 벗어날 줄 알아야 모두를 볼 수 있다.

A. 주식시장에는 물량을 팔고 싶은 사람, 사고 싶은 사람, 구경중인 사람, 대주주, 투기세력 등등 온갖 사람들이 있습니다. 내 입장, 내 생각만 하지 말고 모두를 보는 시각이 꼭 필요합니다.

그 모두를 보는 시각은 나의 고정관념에서 벗어나는 것으로부터 시작합니다.

[시봉님의 고전 속 명언 노트]

전쟁은 죽음의 땅인데
조괄은 너무 쉽게 그것을 말한다.

– 사기

兵, 死地也, 而括易言之.
병　사　지　야　　이　괄　이　언　지

兵 : **병** 전쟁　　　　**死** : **사** 죽다　　　　**地** : **지** 땅

也 : **야** 어조사　　**而** : **이** 접속사　　**括** : **괄** 묶다

易 : **이** 쉽다　　　**言** : **언** 말하다　　**之** : **지** 어조사

"사기(史記)"를 보면 자기 자식이 장군이 되지 않기를 바라는 아버지와 그 자식을 장군으로 삼지 말아 달라고 왕을 말리는 어머니 이야기가 나온다.

　　조괄은 어릴 때부터 병법을 배워 전쟁에 관한 일을 이야기 하면 천하에 당해낼 자가 없었다. 일찍이 그의 아버지 조사와 더불어 전쟁에 관하여 말하였는데, 조사가 당해낼 수 없었다. 하지만 아버지는 조괄을 훌륭하다고 말하지 않았다. 조괄의 어머니가 조사에게 그 이유를 묻자 조사가 말했다. "전쟁은 죽음의 땅인데 조괄은 너무 쉽게 그것을 말하오. 조나라가 조괄을 장수로 삼지 않았으면 좋겠지만 만약 그를 장수로 삼는다면 조나라 군대를 망치는 자는 반드시 조괄일 것이오."

조나라 왕은 간첩의 말만 믿고 염파장군을 대신하여 조괄을 장수로 보

내려 한다. 이에 조괄의 어머니는 조괄이 집에서 전쟁을 앞두고 보인 행실과 마음가짐을 들어 그가 전쟁을 승리로 이끌 재목이 아니라고 글을 올린다. 하지만 왕은 결정을 번복하지 않았고, 조괄의 어머니는 조괄이 설령 전쟁에서 패하더라도 자신을 연좌하여 죄를 묻지 말아달라고 한다. 왕은 승낙했고 조괄은 전쟁에 나가 대패한다. 이 전쟁으로 죽은 사람이 45만 명이 되었다고 한다. 그러나 왕은 조괄의 가족을 벌하지 못한다.

왜 조사는 자기 아들이 장군이 되어서는 안 된다고 했을까? 그것은 조괄이 실전경험도 없이 병법만을 철석같이 믿고 전쟁에 대해 너무 쉽게 생각했기 때문이다. 조사는 숱한 전투에서 죽음의 땅인 전쟁에서 꼭 병법만 곧이곧대로 적용하여 승리를 거둘 수 있는 것이 아님을 알았다. 주식 또한 마찬가지다. 주식에 대해 엄청난 지식을 가졌다고 해서 꼭 투자를 잘하고 많은 돈을 버는 것은 아니다. 어떤 경우에는 자신이 알고 있는 지식 때문에 모든 것을 잃을 수도 있음을 알아야 한다. 조괄의 아버지가 병법에 대해서는 그 누구보다 뛰어났던 아들에게 훌륭하다는 말을 하지 않은 이유처럼 말이다.

– 사기

兵, 死地也, 而括易言之.
병 사 지 야 이 괄 이 언 지

兵,	死	地	也,	而	括
易	言	之.			

❶ 자기 자신에서 벗어날 줄 알아야 모두를 볼 수 있다. ⋯ **253**

2

세력은 존재하는가?
그들은 누구인가?

주식 시장에 세력이 존재 하냐고 묻는 분들이 있습니다.

주가 조작을 다룬 영화를 보면 악당이 등장하고 조직 생활하는 사람들이 감금까지 시키며 주가 조작을 하는 모습이 나옵니다. 그 모습을 보면 세력이라는 존재가 깡패나 악당같은 존재들일 것이다. 라고 생각할 수 있습니다.

하지만 필자가 얘기하는 세력은 깡패같은 악당도 아니고 어디선가 감금되어 주가 조작을 하는 무리도 아닙니다.

세력이 존재 하긴 하는데 '기업과 관계된 보통의 사람들이 세력이 되는 경우가 많다' 이렇게 생각하고 있습니다.

악당스러운 깡패보다는 '돈이 깡패다'라는 표현이 맞을듯한데 주가가 움직이면 주식 가격만 변동되는 것이 아니라 주가의 변동으로 보유중인 사람들의 평가액이 변하게 됩니다.

여러분도 수익이 나면
여러분의 투자금을 기준으로도 수익이 제법 생기지 않습니까?

그런데 주식을 많이 가진 사람들은 주가의 변동으로 우리 개인들보다 훨씬 큰 돈의 변동이 생기게 되고,
그 맛을 아는 사람들은 그 돈의 힘이나 자신이 가진 역량으로 주가를 움직이게 되는 것입니다.

그런 사람들을 세력이라고 할 수 있는데
'주가의 움직임으로 이해관계가 크게 걸리고 주가의 움직임에 역량을 보탤 수 있는 사람들' 이라고 정의 할 수 있습니다.

주식을 많이 가진 사람은
매집을 많이 한 세력일 수도 있지만 대주주도 해당 될 수 있습니다.
대주주는 회사 사정을 빤히 잘 알 수 있고 내부 정보를 이용하면 손쉽게 주가의 상승과 하락을 예측 할 수 있습니다. 또 기업정보를 이용하면 주가의 상승과 하락을 의도대로 움직일 수도 있습니다.
또 꼭 대주주가 아니더라도 회사 관계자나 임원의 경우 내부정보를 이용하면 주가의 방향성을 알 수 있고 큰 수익으로 연결시킬 수도 있습니다.

그렇다면 그런 대주주나 임원이 '세력 행세'를 할 수 있느냐 궁금증이 생길 수 있는데, 저는 98%는 '그럴 수 있다'고 생각합니다.

그렇게 생각하는 근거는 크게 두 가지입니다.

그 첫 번째는
대주주나 임원의 협조 없이는 주가를 원하는 방향으로 이끌어 가기가 어

렵습니다.

가령 매집을 했던 세력이 있고 그 세력이 눈에 거슬렸다면

대주주가 유상증자 계획안만 들고 나와도 매집했던 사람들은 대주주와의 싸움에서 지게 됩니다.

그것은 하나의 사례일 뿐이고 대주주가 자기회사 주식에 '세력질' 하는 것을 방해하는 방법은 무수히 많습니다. 그렇기 때문에 대주주의 묵인이나 협조 없이는 주가 조작이 어렵다고 할 수 있고

그런 위험을 부담해가며 대주주와 임원에 적대적 세력질을 하기는 힘들다는 생각 때문입니다. (적대적M&A는 제외하겠습니다.)

두 번째 이유는

대주주나 임원이 차명계좌나 지원세력을 이용하면 성공확률이 높은 주가 조작을 할 수 있는데 그것을 안 하고 있을 리가 없다는 것입니다.

입장을 바꿔서

여러분이 상장사를 하나 가지고 있다고 생각을 해 보십시오

여러분은 지금

개인투자자의 성공확률은 2% 미만이라고 하는데 그 낮은 확률로 주식투자를 해 오고 있습니다.

그런데 이길 수 있는 확률이 98%나 되는 여러분의 회사 주식을 가만히 보고만 있겠습니까?

잠시 책을 덮고 생각을 해 보십시오.

이길 수 있는 확률이 98%나 되고 많은 물량을 매집하고 움직일 수가 있어 그 수익도 어마어마한데 그걸 가만 내버려 두겠냐는 것입니다.

위의 두 가지 이유만으로도 대답은 될 것입니다만
한 가지 더 얘길 해 보자면 적자기업이든 흑자기업이든 상관없이 큰 돈을 벌수 있다는 메리트까지 있습니다.

그렇다면 여러분
여러분이 지금 주식 시장에 뛰어들어서 주식투자와 공부를 한다치면 그 무엇보다도 중요한 것은
세력이란 존재가 무슨 생각을 가지고 있으며 어떤 목적으로 주가를 움직이고 있는지 그것을 파악 해야지만 주가의 방향성을 어느 정도 가늠 해 볼 수 있다는 것입니다.

우리나라는 교육열도 높고 경제적으로도 선진국에 이르러 어떤 기업의 기업가치를 과학적으로 분석하는 분들은 정말 많습니다. 특히 주식시장 관련 종사자 중에는 학사는 물론 석박사 출신, 해외 유학파 출신이 수두룩합니다.

그럼에도 불구하고 그분들이 주식 시장에 뛰어들어 실패를 하는 것은
기업분석이 잘못된 것이 아니라 주가를 움직이는 사람 즉, 세력이 무슨 마음을 가지고 있는지를 살펴봐야하는데
살펴봐야하는지 조차도 모르고 있고 본질이 무엇인지 모르기 때문에 주식투자에서 실패를 하는 것입니다.

사실은 돈 놓고 돈 먹는 도박판이고
터줏대감들이 먼저 자리 잡고 앉아서
우리 돈을 노리고 있는데
교과서에는 투자라고 적혀있고
시장경제 원리라고 이해를 한다는 것입니다.

주식투자는 자본주의 꽃이라기보다는
자본으로 무장한 기득권 세력이 자리를 잡고 있고 그 기득권을 뺏고 싶은
투자자들이 그들에게 달려드는 격이라 할 수 있습니다.
올바른 주식투자의 시작은 교과서의 가르침을 공부하는 것도 중요하지만
주식 시장의 속성을 제대로 파악하는데 있다 하겠습니다.

[산호님의 처방전]

Q. 세력은 존재하는가? 그들은 누구인가?

A. '주가의 움직임으로 이해관계가 크게 걸리고 주가의 움직임에 역량
을 보탤 수 있는 사람들'을 '세력'이라고 정의 할 수 있습니다.

주식 시장에 뛰어들어 실패를 하는 것은 기업분석이 잘못된 것이 아니라 주가를 움직
이는 사람 즉, 세력이 무슨 마음을 가지고 있는지를 살피지 않기 때문입니다.

[시봉님의 고전 속 명언 노트]

뒤에 사마귀가 있음을 깨닫지 못했다.

– 설원

不知螳螂在其後也
부 지 당 랑 재 기 후 야

不 : 부 아니다　　**知** : 지 알다　　**螳** : 당 사마귀

螂 : 랑 사마귀　　**在** : 재 있다　　**其** : 기 그

後 : 후 뒤　　　　**也** : 야 어조사

"설원(說苑)" '정간(正諫)'편을 보면 왕에게 충직한 말을 하기 위해 사흘 동안 이슬을 맞은 사람 이야기가 있다.

　　오나라 왕이 형(荊)나라를 정벌하려고 마음먹고 좌우 신하들에게 말했다. "감히 반대하는 자가 있으면 죽이리라."

　　사인(舍人 : 벼슬 이름) 중에 소유자라는 자가 있었는데, 간하고 싶었지만 감히 간하지 못하고, 탄환을 가지고 튕기며 후원에서 노닐다 이슬에 옷을 적시기를 사흘이나 하였다. 이를 본 오나라 왕이 물었다. "너는 어인 일로 옷을 적시며 이와 같이 수고로운 것이냐?" 소유자가 대답했다. "후원에 나무가 하나 있는데 그 나무 위에 매미가 있었습니다. 그 매미는 높이 붙어서 슬피 울며 이슬을 먹었는데 사마귀가 자신의 뒤를 노리는 줄 알지 못했습니다. 그리고 사마귀는 몸을 잔뜩 움츠리

고 붙어서 매미를 노리느라 참새가 옆에 있는데도 알지 못했습니다. 또 참새는 고개를 길게 빼고 사마귀를 쪼아 먹으려고만 했지 그 밑에 사람이 탄환을 장전하고 있음을 깨닫지 못했습니다. 이 셋은 모두 눈앞의 이익만을 얻으려다가 그 뒤에 있는 환난을 돌아보지 못했습니다." 오나라 왕이 말했다. "좋은 말이다."하고 전쟁을 그만두었다.

주식시장에도 비슷한 이야기가 있을 것이다. 높은 곳에 붙어 안전하다고 생각하며 이슬만한 조금의 손익에도 울고 웃는 매미가 있을 것이고, 여지없이 그 매미를 노리는 작전세력인 사마귀가 있을 것이고, 매미는 안중에도 없고 사마귀의 행동만을 예의주시하며 노리는 더 큰 참새가 있을 것이고, 처음부터 이 모든 판을 벌려놓고 오랜 시간동안 지켜봐온 새총 든 인간이 있을 것이다.

눈앞의 이익에만 집착해서는 결코 매미를 벗어날 수 없다. 뒤를 돌아봐야 한다. 매미를 노리는 사마귀와 참새와 새총 든 인간이 어떤 생각을 하고 있는지 살펴야 시장에서 나를 지킬 수 있다.

– 설원

不知螳螂在其後也
부　지　당　랑　재　기　후　야

不	知	螳	螂	在	其	後	也

③

주가는 하락해도
돈 버는 사람들이
존재한다.

주식투자는 주식을 매입하고 매입한 가격보다 주가가 상승 해야만 수익을 낼 수 있습니다.

당연한 얘기 같지만 매수를 하지 않으면 수익을 낼 수 있는 방법이 없고 주가가 오르지 않으면 수익이 나지 않습니다.

공매도를 이용한다면 제한적이나마 수익을 낼 수는 있지만 개인투자자에겐 해당사항이 없다고 보면 맞습니다.

개인 투자자가 주식으로 수익을 내는 유일한 방법은 매수 후에 주가가 상승하는 것이며 다른 방법은 없습니다.

그래서 돈을 벌고 싶은 욕심에 투자금 대부분을 주식매입에 쓰고 현금은 확보하지 않는 경우가 많습니다. 많이 매수해야 많이 벌수 있으니 욕심의 그릇을 채운 것이라 할 수 있는데 주가가 하락해 버리면 욕심의 그릇 만큼이나 큰 손실을 입게 됩니다.

그러나 다른 누군가는 매입 후에 상승하지 않아도 수익을 낼 수 있는 사람들이 있습니다. 주가가 상승을 해도 수익이 나고 하락을 해도 수익이 나는 무리가 있다는 뜻인데 특정종목이나 특이한 경우에만 나타나는 것이 아니라 대부분의 종목에서 나타나고 있다는 것입니다.

여러분은 상승해야지만 수익이 나는데 누군가는 상승이나 하락 상관없이 수익을 낸다는 것은 여러분이 인지하지 못했던 진실이라 할 수 있습니다.

예를 들어 보겠습니다.
세력이라는 존재가 매집 중에 주가가 하락을 한다면 여러분이 생각하기에는 손실이 났을 것이다 생각하겠지만 실제로는 그렇지 않습니다.
손실이 났더라도 주가를 움직일 능력이 있으니 언제라도 주가를 회복시키면 손실은 없어집니다.
그런데 주가가 하락한 틈을 타서 주식을 추가 매입하게 되면 기존에 매입하려던 단가보다 더 저렴하게 매입을 할 수가 있습니다.
결국 주가가 하락한 시점에 주식을 매입하고 주가를 원래 자리로 회복시키면 저렴하게 매입한 차액만큼은 수익이 생기게 되는 것입니다.

1000원에 매집 중이던 종목이
900원 일 때 추가로 매입하고 원래자리 1000원에 돌아온다면
100원의 차익이 생기고 그것이 수익이 되는 것입니다.

하지만 개인 투자자는 주가를 움직일 능력이 없으니 대응만 있을 뿐이고
900원일 때 손절하면 100원이 손해이고
버텼다가 원래자리 1000원에 오면 그냥 본전일 뿐입니다.

조금 응용을 해서 생각해보면

매집을 시작 하려는 순간에 그냥 매집하는 것이 아니라

의도적 악재를 발생 시키든지

아니면 악재인 것처럼 보이게 하든지

아니면 이유 없이 크게 하락을 시킨다든지 해서

아주 저렴한 위치에서 매집을 시작한다면 하락시킨 것만큼 수익이 나게
됩니다.

이것을 또 응용해 본다면

세력이란 존재가 매집을 시작한다면 당장 매수를 하는 것보다

주가를 크게 누르는 작업을 먼저 할 것이라는 겁니다. 하락시키면 하락시
키는 만큼 수익인데 크게 하락시켜야하지 않겠습니까?

그래서 바닥인줄 알았더니 지하가 있고,

지하가 끝일 줄 알았더니 또 더 깊은 지하가 있는 현상이 나타나게 되는
것입니다.

여러분이 물려서 크게 손실 나는 만큼 누군가는 그만큼 벌어들이는 사람
들이 있다는 것입니다.

한 가지 예를 더 들어 보겠습니다.

대주주가 2세에게 경영권 승계를 할 때 증여금액에 비례하여 세금을 내게
됩니다.

증여 당시의 평가총액이 200억 원일 때 세금이 100억 원이라면

주가를 하락시켜 증여당시의 평가총액을 100억 원으로 낮출 수 있다면 세

금은 50억 원이 됩니다.

여러분이 주가를 하락시킬 능력을 가지고 있다면 어느 시점에 증여를 하
시겠습니까?
주가를 하락시키기만 하면 절세금액이 50억 원인데 당연히 하락시켜서
증여를 하지 않겠습니까?
그것은 50억 원을 벌어들인 것과 같으니 결국 수익이라고 보는 것입니다.

이런 상황들이 흔하게 일어나는 곳이 주식 시장입니다. 이런 속성들을 이
해한다면
상속이나 증여를 하는 곳이 바닥일 가능성이 높아진다는 결론을 얻을 수
있으며 성공투자 확률을 0.1% 끌어 올리는 역할을 하게 됩니다. 매수 할
수 있는 이유가 한 가지 생긴 것이라 할 수 있지요.

제가 위에서 설명 드린 내용은 주식 시장의 아주 일부에 불과 합니다.
이 외에도 유상증자와 관련된 고유, 저유, 신주인수권, 전환가액조정, 주
가의 사이클등   여러 가지가 있습니다.
하나하나가 다 중요해서 꼭 알아야 할 것들인데 이런 것들을 모르고 주식
을 한다면 백전백패 할 수밖에 없습니다.

대부분은 주가가 상승해야지만 수익이 난다고 알고 있지만 실상은 그렇지
않다는 점을 명심하십시오. 의도적으로 하락시킨 주가는 여러분의 손실이
되며 여러분은 왜 잃었는지도 모르고 잃게 되는 것입니다.

수익을 내려는 마음만으로는 주식 시장의 본질을 파악할 수 없습니다. 개인투자자 입장이 아닌 기관이나 세력의 입장을 이해하고, 그들이라면 어떻게 할까 추정해 보는 공부를 해야 합니다. 그렇지 않다면 아무리 열심히 주식 공부를 한다 해도 모래성 위에 쌓은 집처럼 될 것입니다.

[산호님의 처방전]

Q. 주가는 하락해도 돈 버는 사람들이 존재한다.

A. 개인 투자자가 주식으로 수익을 내는 유일한 방법은 매수 후에 주가가 상승하는 것이지만 다른 누군가는 매입 후에 상승하지 않아도 수익을 낼 수 있는 사람들이 있습니다.

이러한 현상은 특정종목에만 국한된 것이 아니라 대부분의 종목에서 나타납니다. 그렇게 의도적으로 하락시킨 주가는 여러분의 손실이 되며 여러분은 왜 잃었는지도 모르고 잃게 되는 것입니다.

새집이 완전하지 않아서가 아니라, 매달려 있는 장소 때문에 그러한 것이다.

– 순자

巢非不完也, 所繫者然也.
소 비 불 완 야　　소 계 자 연 야

巢 : 소 새집　　　　非 : 비 아니다　　　　不 : 불 아니다

完 : 완 완전하다　　也 : 야 어조사　　　所 : 소 바

繫 : 계 매달다　　　繫 : 자 곳　　　　　然 : 연 그러하다

"순자(荀子)" '권학(勸學)' 편을 보면 '몽구'라는 새와 '사간'이라는 나무가 나온다.

　　남쪽 지방에 새가 있었는데 이름은 몽구(蒙鳩)이다. 깃털로 새집을 만들고 머리털을 얽어서 갈대 이삭에 매단다. 그러나 바람이 불어 갈대가 꺾여서 알이 깨지고 새끼가 죽었다. 이것은 새집이 완전하지 않아서가 아니라, 매달려 있는 장소 때문에 그러한 것이다. 서쪽 지방에 나무가 있었는데 이름은 사간(射干)이다. 줄기의 길이는 네 치밖에 안 되지만 높은 산의 꼭대기에서 자라며, 백 길(800척)의 연못을 내려다보는데, 나무의 줄기가 길어서 할 수 있는 것이 아니라, 서 있는 장소 때문에 그러한 것이다.

　　깃털로 집을 짓는데 머리털로 하나하나 엮어 갈대 이삭에 매달아 놓았

으니 그 기술력이 얼마나 대단한가? 인간세상으로 치면 초호화 주택일지 모른다. 그런데 그 집을 지은 곳이 갈대 이삭 위다. 마치 바닷가 백사장에 집을 지어놓고 파도가 세차게 치지 않기를 바라는 것처럼 위태롭다. 아무리 집 짓는 기술이 뛰어나고 풍경이 아름다워도 그 집은 위험하다. 그런데 어쩔 것인가? 집을 지을 곳이 그 곳 뿐이라면 말이다.

나무줄기가 네 치면 12cm 정도로 작고 볼품없다는 뜻이지만 '사간'은 저 높은 산꼭대기에서 자라니 저 깊은 800척 연못을 한 눈에 내려다본다. 인간세상에서도 볼품없고 못나도 큰돈을 가졌다면 훤칠하고 능력 있는 사람을 내려다보며 마음껏 부리는 이치와 닮았다.

주식시장은 운동경기처럼 모두에게 공평한 잣대를 대지 않는다. 그냥 처음부터 불공평하다. 하다못해 도박판에도 있는 규칙이 주식시장에는 없다. 우리가 알고 있는 공정거래를 위한 수많은 규제라는 것이 짜고 치는 그들 앞에서 결코 개미의 손실을 막아주는 방어막이 되지 않는다. 전문 도박꾼인 타짜는 처음에는 돈을 조금 잃어준다고 한다. 그들 눈에는 그 판에 있는 돈이 결국 모두 자기 돈이 될 텐데, 지금 조금 잃어준다고 그게 뭐 대수겠는가? 주식시장에는 타짜가 상주한다. 그러니 투자에 얼마나 살얼음을 밟듯이 신중해야겠는가?

– 순자

巢非不完也, 所繫者然也.
소 비 불 완 야　소 계 자 연 야

巢	非	不	完	也	,		所	繫
者	然	也	.					

4

세력은 존재하는가?
그들은 누구인가?

코스닥 상장을 하면 대박이라는 얘기가 있습니다.

모든 종목이 다 대박은 아니겠지만 상장 절차를 거칠 때 액면가의 주식을 공모가로 변경하여 받게 되는데 그 과정에 차액이 생기게 되며 수익실현을 통해 큰돈을 벌수 있기 때문입니다.

또 상장이후에 어떤 움직임을 보이느냐에 따라서 다양한 방법으로 수익을 만들 수가 있습니다.

주가를 의도적으로 하락을 시켜도 되고

상승과 하락을 반복시켜도 되고

꾸준히 하락하며 유상증자만 해도 회사나 대주주는 수익을 창출시키는 효과를 낼 수도 있습니다.

이처럼 각기 다른 방법과 유형이 나타나는 것은 회사 사정이 어떠냐에 따라서 그에 맞는 움직임을 하기 위함입니다.

예를 들면

회사의 성장성에 따라서 주가의 방향을 잡을 수도 있고

비싼 가격에 회사가 팔려도 된다라는 상장사가 있는 반면 끝까지 경영권을 지키려는 상장사도 있습니다.

지분율이 낮은 경우에 할 수 있는 움직임이 있고
지분율이 높은 경우에 할 수 있는 움직임이 있습니다.

유통주 수가 적어서 매도할 물량이 없다면 일부 고점매도로 자금을 확보한 후

주가를 하락시키고 저렴한 가격에 유상증자를 받는 방법을 택할 수도 있습니다.

실제로 1만원일 때 1주를 팔고 주가를 하락시켜 1천원에 유상증자를 하게 되면 1주를 판 돈으로 10주를 살 수 있는 설계도가 나옵니다.

이후 주가를 끌어 올리기만 하면 그 만큼 수익이 생기는 것이지요.

반대로 주식 발행은 조금 해주고 큰돈을 챙기는 설계도도 있습니다.

주가를 상승시켜 물량을 팔고

주가가 높을 때 유상증자를 하면 주식 발행은 적게 해 주면서 큰 투자금을 받는 방법이 됩니다.

주가가 비쌀 때 팔아서 좋고

주식 발행을 조금만 해줘도 되기 때문에 대주주의 지분율은 조금만 줄이면서 투자금을 끌어 들이는 방법입니다.

이처럼 상장사를 가지고 있다는 것은 어떤 방법을 쓰느냐에 따라서 회사로 투자금을 끌어 올수도 있고 유통주식을 활용하여 수익 창출을 할 수도 있습니다.

이것을 차트의 유형이라고 할 수 있는데
차트의 유형을 파악하는 것은 차트의 설계도를 보는 것이라 할 수 있고 어느 단계인지 알 수도 있는 것입니다.

예를 들어
한탕주의를 목적으로 상장하는 것이라면
① 비싼 가격을 형성 시키고 팔아버릴 것입니다.
② 팔아버린 후에는 주가를 하락 시킬 것이고
③ 상장 폐지가 아니면
④ 다시 매집을 하거나 저렴하게 유상증자를 해서 물량을 확보하고
⑤ 다시 상승시켜 팔아버릴 수도 있습니다.

위의 방법을 한다면
차트에 고스란히 나타나게 될 것이고 어느 부분에 해당하는지를 안다면 어느 시점에 매수와 매도를 해야 하는지 알 수 있을 것입니다.

꾸준하고 안정적인 수익을 가지려고 했다면
① 경영권을 뺏기지 않을 정도로 지분을 확보하고
② 유통중인 주식을 저렴하게 매집해서
③ 주가를 상승시키고
④ 매집된 물량을 팔아버리고
⑤ 주가를 하락시키고

이 과정들을 반복하게 될 것이고

상승과 하락의 박스권 흐름을 보일 가능성이 높다는 것입니다. 그리고 2세에게 물려준다면 '마르지 않는 샘물'을 물려주는 것과 같습니다.

또 시장으로부터 투자금을 끌어올 목적이었다면
고점에서 매도를 하고 현재주가보다 할인율이 높은 유상증자를 반복하며
주가의 방향은 횡보내지는 하락을 하게 될 것입니다.

이처럼 대주주나 세력이 어떤 마음을 가지고 주가를 움직이느냐에 따라서 각기 다른 유형이 나타나게 되는데 유형을 파악 한다면 확률 높은 매매를 가능하게 해 줍니다.

결국 회사 사정을 잘 아는 사람들이
어떤 목적으로 주식을 상장, 유지시키며 관리 할 것인가를 결정 할텐데
그들은 주식을 발행해서 유통물량을 늘릴 수도 있고
감자를 통해서 없애 버릴 수도 있으며 우리가 알지 못하는 수많은 스킬들을 가지고 일반 투자자와 주가를 운전한다고 보면 틀리지 않습니다.

단순히 주식으로 돈만 벌겠다는 생각보다 큰 손이나 세력들은 어떤 의도를 가지고 있는지, 각각의 경우에 따라 차트의 유형을 잘 파악해 살피는 것이 중요합니다.

그것이 올바른 차트분석의 시작이며 차트의 본질을 보는 것입니다.
애초에 좋은 종목을 발굴하는 비법이라 할 수 있습니다.

[산호님의 처방전]

Q. 차트에는 유형과 사이클이 있다.

A. 대주주나 세력이 어떤 마음을 가지고 주가를 움직이느냐에 따라서 유형이 나타나게 되는데 유형을 파악 한다면 확률 높은 매매를 가능하게 해 줍니다.

단순히 돈만 벌겠다는 생각보다는 큰 손이나 세력들은 어떤 의도를 가지고 있는지 차트의 유형을 살피고 파악하는 것이 중요합니다.

[시봉님의 고전 속 명언 노트]

일단 깨달아 알게 되면
그 술수는 금방 바닥을 드러낼 것이다.

– 욱리자

一 理 有 開 之, 其 術 窮 矣.
일   이   유   개   지   기   술   궁   의

一 : 일 하나   理 : 이 깨닫다   有 : 유 있다

開 : 개 열다   之 : 지 어조사   其 : 기 그

術 : 술 꾀   窮 : 궁 다하다   矣 : 의 어조사

"욱리자(郁離子)"의 '술사(術使)'편에는 조삼모사(朝三暮四 : 먹이를 아침에 세 개, 저녁에 네 개씩 주겠다는 말에 화를 내던 원숭이가 아침에 네 개, 저녁에 세 개씩 주겠다고 하자 좋아했다는 고사)와 관련하여 또 다른 이야기가 전해진다.

초나라에 원숭이를 길러 생활하는 사람이 있었는데, 사람들은 그를 '저공'이라고 불렀다. 저공은 아침마다 마당에서 원숭이들을 몇 무리로 나눈 후, 늙은 원숭이에게 산으로 이끌고 가서 초목의 열매를 따오게 한 다음 십분의 일을 거두어 갔다. 간혹 열매를 바치지 않으면 채찍으로 때렸다. 원숭이들은 모두 이를 두려워하고 괴롭게 여겼으나 감히 거스르지 못했다. 하루는 작은 원숭이 한마리가 뭇 원숭이들에게 말했다. "산의 과일나무는 저공이 심은 것인가요?" 원숭이들이 대답했다. "아니지. 저절로 자란 것이지." "저공이 아니면 따서 먹을 수 없는 것인가요?" "아니지. 누구나 따서 먹을 수 있는 것이지." "

그렇다면 우리들은 무엇 때문에 그에게 바치며 그의 부림까지 당하는 것인가요?" 말이 끝나기도 전에, 뭇 원숭이들은 모두 깨달았다. 그날 저녁 원숭이들은 저공의 숙소를 엿보고 울타리와 우리를 부수고 쌓아 놓은 열매를 가지고 숲속으로 들어가 다시는 돌아오지 않았다. 저공은 마침내 굶어서 죽었다. 욱리자가 말했다. "세상에는 술수를 써서 백성을 부리면서 도의도 기준도 없는 자가 있다. 그들이야말로 저공과 같은 자들이다. 단지 백성들이 어두워 깨닫지 못했을 뿐이지, 일단 깨달아 알게 되면 그 술수는 금방 바닥을 드러낼 것이다."

작은 원숭이는 저공의 술수를 어디에서 깨닫게 된 것인가? 바로 열매가 어디에서 와서 어디로 가는지를 파악하고 왜 그래야 하는지 의문을 가진 시점부터이다. 주식시장에서 생기는 수익 또한 어떤 세력들만의 것이 아니다. 투자자 모두의 것이다. 세력들이 우리가 투자하여 생긴 열매를 어떤 방법으로 가져가는 지를 파악할 수 있다면 우리는 깨달은 원숭이가 되어 열매를 빼앗기지 않을 수 있다. 열매는 모두의 것이다. 나를 포함한 모두 말이다.

– 욱리자

一理有開之, 其術窮矣.

일 이 유 개 지 기 술 궁 의

一	理	有	開	之	,	其	術
窮	矣	.					

⑤

입장이 다른 사람들

사람들을 만나보면 이 세상에는 참 다양한 사람들이 있다고 느낍니다.
배울 점이 많은 사람부터 이기적인 사람, 게으른 사람, 이타적인 사람, 부지런한 사람 등 참으로 다양한 사람들이 세상을 살아갑니다.

주식 시장에도 다양한 생각을 가진 사람들이 존재 하는데 주식투자라는 목적으로 모인 사람들이다 보니 주식 세계에서만 존재하는 부류가 있다고 봅니다.

일반 투자자, 기관투자자, 회사관계자, 세력, 외국인, 정부관계자 등 어떤 위치에서 시장을 대하느냐에 따라서 생각차이가 날 것이고
그 다음으로는 본인이 어떤 마음인지에 따라서 분류가 될 거 같습니다.
주식을 많이 가진 사람, 많이 가지려는 사람, 많이 팔고 싶은 사람, 많이 팔아먹은 사람, 크게 하락하길 기다리는 사람, 크게 하락하면 망하는 사람, 조금 매수해서 상승하길 기다리는 사람, 매수할까를 고민하는 사람, 수익이 크게 난 사람, 손실이 크게 난 사람, 본전인 사람, 구경하는 사람 등 생각하기에 따라서 정말 다양한 생각을 가진 사람들이 모여 있습니다.

대부분의 일반 투자자는 자신이 어떤 입장이냐에 따라서 생각이 달라진다고 할 수 있는데 다른 사람들의 입장은 살펴볼 생각을 하지 않습니다.

매수를 하고 나면 상승하기만 바라고
매도 하고나면 하락하기만 바라고 보통 그렇습니다. 내가 아닌 다른 사람들은 아랑곳 하지 않는다는 것인데 한 가지 예를 들어 보겠습니다.

주식을 많이 보유하고 있는 사람이 매도를 하고 싶은데 평소에 거래량이 적어서 매도를 못하고 있었다고 가정해 보겠습니다.

주식을 보유하고 처치곤란이었다고 생각해보면 이 사람은 호시탐탐 팔아 치울 기회만 보고 있게 됩니다.
그러던 와중에 호재 뉴스가 나오게 되면 구경 중이던 투자자들은 매수에 가담하게 됩니다.
이때 많이 보유하고 매도를 못했던 사람은 이때다 싶어서 매도를 하게 됩니다. 평소 처치곤란이었던 주식을 팔아치울 수 있는 기회를 잡은 것인데 호재를 보고 달려드는 사람과는 전혀 다른 입장임을 알 수 있습니다.

입장이 완전히 다른 두 부류가 존재했다는 것인데 이런 경우라면 호재를 이용한 대규모 매도가 될 수 있어 차트에 나쁜 영향을 끼칠 수가 있습니다.

한마디로 세력이 가지고 있던 많은 물량을 개미들에게 팔았다라고 볼 수 있는데 이런 일이 잦았다면 구경 중이던 많은 투자자들이 주식을 골고루 나눠 가진 것이기 때문에 특정 세력이 매집을 깔끔하게 했다고 볼 수 없습니다.

결국 호재에 대량거래가 잦으면 매집이 되지 않는다는 결론을 얻을 수 있습니다.

약간 다른 경우를 말씀 드려보면
호재가 발생을 했는데 거래량은 나오지 않으면서 상한가로 마감 되었다면 매수를 할 수 없는 상황이 된 것이고 많이 가진 사람 누구도 내다팔지 않은 것으로 이해할 수 있습니다. 이것은 많이 가진 누군가가 있었더라도 그 가격이나 그날에는 팔지 않겠다는 뜻입니다. 더 높은 곳에 팔거나 매집이 더 하고 싶거나 등의 징후로 볼 수 있습니다.
이 외에도 보유 중이던 일반 투자자들도 상한가 마감이 되어버리니 팔기 싫은 상태가 된 것입니다.

이처럼 각 상황별로 각기 다른 사람들의 입장이 존재하기 마련인데 자기 자신만 생각하거나 상승하는 공식이나 원칙만을 찾고자 한다면 없는 답을 찾아 해매는 것이라 할 수 있습니다.

이처럼 각 차트의 유형을 알고 여러 입장의 사람들을 알고, 그 모두를 볼 수 있다면 물량의 흐름이 어디에서 어디로 흘러가는지도 알 수 있습니다.

세력에게서 개인에게로 물량이 흘러가는지
개인에게서 세력에게로 물량이 흘러가는지 그 흐름을 파악 할 수 있다면 주가의 방향성까지도 짐작을 할 수가 있는 것입니다.

자기 자신의 생각은 주식차트에 아무런 의미가 없습니다.

입장이 다른 사람이 존재한다는 것을 인지하고 시장관계자들이 어떤 상황인지 그 전체를 헤아리고 살피는 것이 필요합니다.

[산호님의 처방전]

Q. 입장이 다른 사람들

A. 차트의 유형을 알고 여러 입장의 사람들을 알고 그 모두를 볼 수 있다면 물량의 흐름이 어디에서 어디로 흘러가는지도 알 수 있습니다.

세력에게서 개인에게로 물량이 흘러가는지 개인에서 세력에게로 물량이 흘러가는지 그 흐름을 파악 할 수 있다면 주가의 방향성까지도 짐작을 할 수가 있는 것입니다.

오늘 저녁에 잠입하려는 첩자가 있을 것이다.

– 전국책

今夕有姦人當入者矣
금 석 유 간 인 당 입 자 의

今 : 금 이제 **今** : 석 저녁 **有** : 유 있다

姦 : 간 간사하다 **人** : 인 사람 **當** : 당 장차

入 : 입 들다 **者** : 자 사람 **矣** : 의 어조사

"전국책(戰國策)"의 '동주책(東周策)'을 보면 편지 한통으로 자국의 정보를 빼돌린 자를 처단한 이야기가 나온다.

창타(궁타라고도 함)가 서주(西周)에서 도망쳐 동주(東周)로 가 서주의 내부 정보를 동주에 모두 알려주었다. 이에 동주는 크게 기뻐하였고 서주는 크게 노하였다. 서주의 풍저가 군주에게 말했다. "신이 그 자를 죽일 수 있습니다." 서주의 군주는 그에게 금 30근을 주었다. 풍저는 사람을 시켜 금과 서신을 가지고 은밀하게 창타에게 보냈다. 서신에는 이렇게 적혀 있었다. "창타에게 고하노니, 일이 성사될 것 같으면 열심히 힘써 주고 일이 성사되기 어려우면 속히 도망쳐 돌아오시오. 만일 일이 지체되어 누설되면 자결하시오." 그리고 사람을 시켜 동주의 정탐꾼에게 말했다. "오늘 저녁에 잠입하려는 첩자가 있을 것이

다." 그러자 정탐꾼은 그를 붙잡아 동주 군주에게 데려가니, 동주 군
주가 편지를 읽고 창타를 바로 죽여 버렸다.

이야기에 참 여러 사람이 등장한다. 국가의 중요 기밀을 적국에 빼돌리
고 융성한 대접을 받고 좋아하는 창타, 그런 창타가 죽도록 미운 서주의
군주, 이간책을 이용해 적국에 있는 창타를 죽이려는 풍저, 자신이 죽을지
도 모르고 창타에게 편지를 전하기 위해 동주로 잠입하는 첩자, 풍저에게
첩자가 잠입한다는 정보를 건네받은 서주와 동주의 이중첩자, 서주의 이
간책에 휘말려 첩자의 편지를 보고 창타를 바로 죽여 버린 동주의 군주.
이 모든 사람은 서주의 군주와 그의 설계자인 창타가 만들어 놓은 대본
대로 연기하는 배우에 지나지 않는다. 그런데 그들은 자신이 대본에 맞춰
움직이고 있는지 조차 모른 채 그 역할에 충실하고 있다.

주식시장에는 참 다양한 사람이 존재한다고 한다. 당신은 풍저가 짜놓
은 이 기가 막힌 이야기에서 과연 누구에 해당하는가?

– 전국책

今夕有姦人當入者矣

금 석 유 간 인 당 입 자 의

今	夕	有	姦	人	當	入	者
矣							

6

좋은 종목을
고르는 방법

좋은 종목을 고르는 것은 모두가 다 잘 하고 싶은 것이지만 쉬운 일이 아니고 짧은 기간에 완성되는 것도 아닙니다.

종목 하나를 분석하더라도 깊이 있는 분석이 필요하고 오랜 기간 관찰하면서 공부를 해야지만 그 깊이가 깊어지는 깨달음을 얻을 수 있습니다.

올바른 공부가 오랫동안 지속되어야 한다는 전제하에 좋은 종목을 발굴하는 방법을 대략적으로 설명드려 보겠습니다.

우선 좋은 종목이 되자면 설계도가 있는 종목이어야 합니다.
특징 없이 흐르는 종목보다는 앞서 설명처럼 주가를 운전하는 주 세력이
있는 것이 좋습니다. 그래야지만 의도적인 누르기도 있고
저렴한 매집도 있을 수 있으며
물량을 더 만들어 내서 확보하는 과정도 있을 수 있고
들어간 노력이 많아야지만 그에 비례하는 시세 분출을 할 수가 있습니다.
이런 것들을 잘 확인 하자면 차트분석을 할 때 세력이 개입했다는 정황을

찾을 수 있어야 하고 그 흔적들을 찾을 수 있는 공부 과정은 필수라 할 수 있습니다.

그리고 매집의 흔적은 있되 시세를 분출하지 않은 종목을 고르는 것이 좋습니다.
왜냐면 매집 이후 시세를 한번 분출 했다면 그 순간에 다 팔았을 수도 있다는 가설을 세워줘야 손실을 볼 확률을 줄일 수 있기 때문입니다.
물론 매집이 끝난 이후에 시세를 분출하며 매집하는 경우도 있습니다. 그 차이를 구별하는 공부도 필요하겠지만 위험 요소를 줄이자면 시세를 분출하지 않은 종목을 우선순위에 넣는 것이 바람직합니다.

또 매집으로 보이는 물량의 흐름이 있는 것이 좋습니다.
앞 단락에서 물량의 흐름을 파악하는 것이 중요하다 했는데 매집하는 과정에서는 일반 투자자가 이탈하는 모습이 확인되면 그 물량들은 세력에게로 흘러들어 갔을 수 있습니다.
한마디로 일반 투자자들의 심리가 팔고 싶은 쪽으로 쏠리면 매집이 잘 될 수 있다, 이런 얘기입니다.

그리고 차트분석을 함에 있어 의심스럽거나 단점이 있다면 과감하게 종목을 버려야 합니다. 좋은 이유와 나쁜 이유가 공존을 할 때 나쁜 이유가 있다면 종목을 제외시키는 방법으로 압축을 해 나간다는 뜻입니다.
나쁜 이유가 있는 것마다 종목을 버리게 되면 자연스럽게 남는 종목이 좋은 종목이 되겠지요.
또 종목에 단점이 있다면 단점을 보완하는 대응능력을 키워서 공략을 할 수도 있습니다.

무엇보다 중요한 것은 나의 분석이 맞다 하더라도 주가는 하락을 포함하는 설계도가 있을 수 있다는 사실을 유념하는 것입니다.

예를 들어보면
매집을 끝냈으면 당장 상승할 것이라고 대부분 생각하지만
주가를 더 하락시켜 저렴한 가격에 주주배정 유상증자를 하면 물량을 더 많이 확보 할 수도 있습니다.
결국 나의 분석이 맞았다 하더라도 주가는 하락을 할 수 있다. 라는 마음을 가져야 하지만 이런 이유로 몰빵을 하는 것은 위험하다는 것입니다.

좋은 종목을 발굴하는 방법을 한마디로 표현하면
올바른 차트분석 방법을 익히고 긴 시간 관찰하면서 노하우를 쌓아가는 것 말고는 지름길은 없다는 것이 저의 생각입니다.

[산호님의 처방전]

Q. 좋은 종목을 고르는 방법

A. 1. 우선 좋은 종목이 되자면 설계도가 있는 종목이어야 합니다.

2. 매집의 흔적은 있되 시세를 분출하지 않은 종목을 고르는 것이 좋습니다.

3. 매집으로 보이는 물량의 흐름이 있는 것이 좋습니다.

4. 차트분석을 함에 있어 의심스럽거나 단점이 있다면 과감하게 종목을 버려야 합니다.

5. 중요한 것은 나의 분석이 맞다 하더라도 주가는 하락을 포함하는 설계도가 있을 수 있으니 몰빵을 하는 것은 위험합니다.

손을 트게 하지 않는 비법은 하나다.

— 장자

能不龜手, 一也.
능 불 균 수 일 야

能 : **능** 능하다   **不** : **불** 아니다   **龜** : **균** 트다

手 : **수** 손   **一** : **일** 하나   **也** : **야** 어조사

"장자(莊子)"의 '소요유(逍遙遊)'를 보면 손 트지 않는 약으로 대박난 사람 이야기가 있다.

송나라 사람 중에 손이 트지 않는 약을 잘 만드는 사람이 있었는데, 대대로 솜을 표백하는 일을 해 왔다. 어느 날 나그네가 이 이야기를 듣고 그 비법을 백금(百金)을 주고 사겠다고 하였다. 그는 친족들을 모아 상의하며 말했다. "우리는 대대로 솜 빠는 일을 하고 있지만 수입이 몇 금(金)에 불과합니다. 이제 하루아침에 그 기술을 백금에 팔 수 있으니 주어 버립시다."

나그네는 그 비법을 얻어 (손 트지 않는 약을 수전(水戰)에 이용하면 전쟁을 승리로 이끌 것이라고) 오왕을 설득한다. 월나라와 전란이 일어나자 오왕은 그를 장수로 삼아 겨울이었지만 월나라 군사와 수중전(水中戰)을 벌여 크게 무찔렀다. 오왕은 땅을 나누어 그를 영주로 봉하였다. 손을 트지 않

게 하는 비법은 하나이지만 어떤 사람은 그것으로 영주가 되고 어떤 사람은 세탁업을 면하지 못하고 있으니, 그것은 비법을 어디에다 쓰느냐가 달랐기 때문이다.

오나라와 월나라는 원수지간이다. 둘 사이가 오죽하면 아무리 원수지간이라도 같은 배를 탔는데 풍랑을 만나면 서로 단합해야 한다는 오월동주(吳越同舟)라는 말이 생겼겠는가? 나그네는 그 첨예한 군사분쟁지역에 가서 자신의 비법을 판다. 백금을 주고 샀던 비법 하나가 천 배 만 배가 되어 돌아온 것이다. 비법은 원래 있었다. 누가 가지고 있고 어떤 시기와 어떤 장소에 그 비법이 사용되느냐에 따라 그 가치는 서푼이 될 수도 있고, 수천 금이 될 수도 있다.

주식 종목은 참 많다. 그 중 특별히 좋은 종목은 무엇일까? 보유하고 있을 때 주가가 올라 팔아서 수익을 주면 나에게 좋은 주식이다. 그러니 어떤 종목도 좋은 종목이 될 수 있고, 어떤 종목도 나쁜 종목이 될 수 있다. 종목 자체가 손익을 내는 것이 아니라, 시간의 흐름 속에서 어떤 변인(變因)을 만났을 때 손익이 발생한다. 내가 사려는 종목에는 어떤 변인이 있으며 그 변인이 자연스러운 것인지 조작된 것인지 살펴야 하고 지금이 살 시기인지 아닌지 심사숙고해야한다. 만약 나그네가 오나라와 월나라 사이의 정세를 파악하지 못하고 전쟁이라는 변인이 이미 끝나버린 후에 비법을 샀다면 그는 백금(百金)만 잃고 쪽박을 찼을 것이다.

– 장자

能不龜手, 一也.
능 불 균 수　　일 야

能	不	龜	手	,	一	也	.

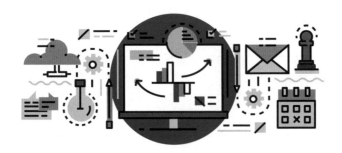

1

매수와 매도(1)
가. 매수하는 마음가짐과 매수 방법

벌판에 초식동물이 풀을 뜯을 때 먹이 활동만 전념하면 먹이는 풍족히 먹을 수 있지만 맹수로부터 위험지수는 높아집니다. 반면에 먹이활동은 소극적으로 하고 주변감시를 더 집중하면 먹이활동은 조금밖에 못하지만 위험지수는 낮아질 수 있습니다.

이 모습은 마치 몰빵을 하면 많이 먹을 수는 있지만 많은 위험 속에 들어가는 것이고 조금만 매수하면 조금 밖에 못 먹지만 위험이 작아 계좌를 지킬 수 있는 것과 같은 이치입니다.

주식에 입문 할 때 계좌를 지키는 방법을 먼저 배우고 그 이후에 수익을 늘려가는 전략을 취해야 하는데 그러기 위해서 필요한 것이 비중을 최소화 하여 매수를 하는 것입니다.
그리고 매수하는 자리는 좋은 자리라 하더라도
저점이 될 확률이 높은 자리이지 절대적으로 상승하는 매수 자리는 아니다. 라는 마음가짐을 갖는 것입니다.

매수하는 순간 하락을 당연하게 받아들일 수 있거나 손실이 날것을 각오
한다면 매수를 해도 좋다. 라는 뜻입니다.

좋은 종목을 선정했고 추가 하락을 염두에 두고 공격을 한 것이라면
추가 하락 시에 대처방안을 가지고 있어야 합니다. 손절을 할 것인가 아니
면 추가매수를 할 것인가의 전략을 가지고 있어야겠지요.

그리고 매수를 할 때 매수에 참여한 다른 사람들보다도 저점에서 매수하
겠다는 전략이 필요합니다.

예를 들어 추격매수를 한다면 100명중에 2등 안에 들어가는 자리가 아니
라 98등인 자리가 될 것이고, 많이 하락한 자리에서 매수한다면 100명중
에 2등 안에 들어가는 매수 자리가 될 것입니다.

매수를 하는 순간 항상 등수 안에 들어가는 단가로 매수하겠다는 마음을
가지면 물렸다 하더라도 100명중에 손실이 작은 2등 안에 들어가는 자리
가 됩니다.

대부분의 종목이 그렇듯 아무리 좋은 종목도 상승과 하락을 반복하면서
움직이게 됩니다.

좋은 종목도 하락을 거치면서 상승하고 나쁜 종목도 상승을 거치면서 하
락하는데 결국 모든 종목이 상승과 하락을 거치기 마련이고 그렇다면 하
락했을 순간에 매수를 해야 한다는 것입니다.

좋은 종목을 선별하고 그 종목이 하락일 때 매수하는 전략입니다.

매수 후 손실을 보는 사람들과 대화를 해보면 '그곳이 바닥일 것 같아 매수 했다'라고 대답을 합니다. 결국 손실을 보는 개인투자자들이 바닥이라고 느낀 자리가 진짜 바닥일 확률은 2%밖에 되지 않을 정도로 틀렸다는 것입니다. 그런 마음으로 매수하는 자리를 수정해 나가는 전략이 필요합니다.

매수하기 좋은 날은
장이 나쁜 날이라고 말씀을 많이 드리는데 그 이유는 장이 나빴다 하더라도 좋은 개별 종목이 나쁜 종목으로 변해 장이 하락한 것은 아니기 때문입니다.
좋은 종목이 장이 나빴기 때문에 추가로 하락을 한 것이니 오히려 좋은 종목을 저렴하게 매수 할 수 있는 날이다. 라고 보면 맞습니다.
물론 장이 일시적인 조정일 때 해당되는 얘기입니다.

가끔 미국에 어떤 지수가 나쁘게 나와서 장이 하락했다, 또는 어떤 지수가 낮아서 장이 하락을 했다 이런 얘기들이 나옵니다만 하루 지나면 다른 지수를 발표하고 새로운 지수발표에 시장이 따라가곤 합니다.
결국 수시 때때로 발표되는 지수들은 그 순간을 반영하여 상승과 하락을 한 것일 뿐 연속성이 없는 경우가 많습니다. 이 또한 일시적인 하락을 이용하여 좋은 공격 자리에 매수할 수 있는 찬스가 될 수 있습니다.

개개인마다 공격하는 자리들이 다르겠지만 매수 이후 손실이 잦다면 본인의 매수 습관을 뜯어 고쳐야만 합니다. 본인이 매수를 하고 통계를 뽑아보고 몇 번의 매수 이후 몇 번 하락을 했나? 그리고 몇%나 하락을 했나? 라고 체크해 보면 공격자리가 잘못되었음을 알 수 있을 것입니다. 통계의 수

치대로 공격 자리를 수정 해주면 더 나은 매수 자리를 찾고 공략할 수 있게 됩니다.

누구나 처음부터 좋은 공격 자리를 찾을 수 있는 능력이 있는 것은 아닙니다. 계좌를 지킬 수 있는 방법들을 찾고 그 방법대로 업그레이드를 하면서 잘못된 자리들은 수정 해 나가면서 좀 더 나은 매수 자리를 찾게 되는 것입니다.

꾸준한 개선의 노력이 있을 때 승률 높은 투자자가 된다는 것을 잊지 마시기 바랍니다.

[산호님의 처방전]

Q. 매수와 매도(1) – 가. 매수하는 마음가짐과 매수 방법

A. 1. 주식에 입문 할 때 계좌를 지키는 방법을 먼저 배우고 그 이후에 수익을 늘려가는 전략을 취해야 하는데 그러기 위해서 비중을 최소화 하여 매수를 하는 것이 좋습니다.

    2. 아무리 좋은 자리라 하더라도 저점이 될 확률이 높은 자리이지 절대적으로 상승하는 매수 자리라고 할 수는 없습니다.

    3. 좋은 종목을 선정했고 추가 하락을 염두에 두고 공격을 한 것이라면 추가 하락 시에 대처방안을 가지고 있어야 합니다. 손절을 할 것인가 아니면 추가매수를 할 것인가의 전략을 가지고 있어야합니다.

우리 군대가 적만 못하면 피해야 한다.

– 손자병법

不若則能避之

불   약   즉   능   피   지

不 : 불 아니다   **若** : 약 같다   **則** : 즉 ~하면

能 : 능 능하다   **避** : 피 피하다   **之** : 지 어조사

"손자병법(孫子兵法)"에는 공격을 도모하는 방법에 대한 글이 있다.

장수가 분노를 이기지 못하여 성을 공격하는 데 장비도 갖추지 않고 병사들을 개미 떼처럼 성을 오르게 하여 병사의 3분의 1을 잃고도 적의 성을 함락시키지 못한다면, 이는 공격으로 인한 재앙이다....... 그러므로 용병하는 법은 병력이 10배가 되면 적을 포위하고, 병력이 5배가 되면 적을 공격하고, 병력이 2배면 둘로 나누고, 병력이 적과 대적할 만하면 싸우고, 병력이 적보다 적으면 잠시 도망하여야 하니, 대적할 만하면 우리의 능한 바를 사용하여 적과 싸워야 하고, 병력이 적보다 적으면 도망하여야 하고, 우리 군대가 적만 못하면 피해야 한다. 그러므로 약한 군대가 굳게 지킴은 강한 적에게 사로잡히는 것이다.

장수가 급한 마음에 공성장비를 기다리지 못하고 병사들을 성에 개미떼

처럼 붙어서 올라가게 하였다가 3분의 1을 몰살시켰다면 그 장수는 용병
을 잘 한 것인가? 주식하는 사람이 주가가 떨어지는 것을 보고 두려움과
분노가 만들어 낸 조급함을 이기지 못하고 몰빵으로 추매하다가, 가지고
있던 자본금의 3분의 1을 잃어버렸다면 과연 투자를 잘한 것인가?

　손자병법을 보면 싸우지 말라고 한다. 그리고 적이 나보다 쪽수가 많으
면 도망가라고 한다. 게다가 딱 봐도 못해볼 것 같으면 피하라고까지 한
다. 손자병법만 읽으면 적은 숫자로도 수많은 적들을 무찌를 수 있을 것
같다고 생각한 사람은 손자병법을 읽다가 별거 아니라고 던져버린다. 그
렇다면 손자병법이 그토록 하고 싶었던 말은 무엇일까? 그것은 바로 죽지
말고 살아남으라는 말이다. 죽지 않고 살아남아야 무엇이라도 할 수 있으
니, 제발 죽지 말고 살아남으라는 말이다. 주식을 하는 모든 이가 꼭 기억
해야 할 말이다.

– 손자병법

不若則能避之
불 약 즉 능 피 지

不	若	則	能	避	之		

2

매수와 매도(2)
나. 매도하는 마음가짐과 매도 방법

주식투자를 하면서 가장 어려운 부분이 매도를 언제 어떻게 해야 하는가?
입니다.
대부분 좋은 매도 자리는 매도한 이후 상승했느냐 하락했느냐에 따라서
결과적으로 좋은지 나쁜지를 분석하게 됩니다.

사실 이것은 올바른 분석이 될 수 없습니다. 내가 어디에 팔았는지에 따라
서 좋은 매매가 되고 나쁜 매매가 되지는 않습니다.
말씀 드렸다시피 주식 시장에는 다양한 사람들이 존재를 하는데 어느 일
부가 매도한 기준에 따라서 좋고 나쁜 자리가 존재하지 않기 때문입니다.

가장 이상적인 매도 자리는 내가 매도한 자리보다 더 상승했냐 하락했냐
가 아니라
차트베이스에서 매도를 해야 할 자리인가 아닌가가 중요하고
또 해당 자리에서 매도를 할 것인가 더 보유 할 것인가는
그 순간에 판단 할 수 있는 기준들을 참고하여 적절히 판단했을 때
좋은 자리였냐 아니냐가 결정되게 됩니다.

예를 들어

매물대에 근접하여 매도 자리라고 판단하고 매도를 준비했더라도

그 당시에 상승 할 수 있는 호가창을 보이거나 다른 기준이 좋다면 매도를 다시 고민 해 볼 수도 있습니다. 이때의 마음은 기대 수익을 더 가졌기 때문에 수익률이 떨어질 위험도 각오하고 대응해야 합니다.

매도가 어려운 이유는 매도한 자리가 늘 고점이 될 수 없고

매도 이후에 상승하는 경우가 더 많기 때문인데

실제 매도한 이후 크게 상승하지 않더라도

수익을 더 낼 수 있었는데 라는 아쉬움이 남게 됩니다.

실제 차익은 얼마 되지 않지만 마음에 남는 아쉬움은 더 진하고 강하게 남아 수익전체를 놓친 것처럼 느껴지게 됩니다.

아쉬운 마음과 욕심이 멘탈을 흔든 것이라 할 수 있습니다.

그 아쉬움을 조금이나마 해소하는 방법은

차트베이스에서 매도 자리를 찾아 매도를 하되

약간의 물량을 남겨두는 전략도 아쉬움을 해소하는 방법이 될 수 있습니다.

전체 물량의 80%정도를 매도하고 20%정도만 남겨 둔다면

수익을 확정 짓는 부분은 큰 비중이 되고 남겨둔 비중은 적으니

후에 손실로 이어진다면 확정지은 수익을 크게 깎아 먹지는 않습니다.

또 큰 비중의 수익을 확정 짓고 나면 남은 비중은 적기 때문에 주가가 요동을 치더라도 비교적 지켜볼 수 있는 여유가 생기게 되고 오히려 큰 폭의 상승도 즐길 수가 있어서 수익을 극대화 하는데 도움이 될 수 있습니다.

앞 단락 어디에선가 이런 말씀을 드린 적이 있습니다.

계좌를 지키는 확실한 방법은 매수 자체를 하지 않는 것이다, 이렇게 말씀 드린바 있는데 수익에서 손실로 바뀌는 것을 막자면 수익일 때 매도를 해 버리면 수익에서 손실로 접어들 이유가 없습니다.

수익으로 확정지어 놓으면 하락 하더라도 여러분의 수익은 확정지어진 것이라 아무리 큰 하락이 오더라도 여러분의 계좌는 손실이 나지 않습니다.

그리고 매도를 하면 현금을 확보 할 수 있습니다.

늘 새로운 종목이 발굴되기 마련이고 더 좋은 종목이 쏟아질 수 있습니다.

보유한 종목이 매수를 할 당시에는 가장 좋아보였겠지만

이후에도 좋은 종목이 더 생겼을 수 있으며 그 종목을 매수할 수 있는 총 알을 확보했다고 보면 합리적인 생각입니다.

매도를 했다면 수익을 확정 짓는 것이고

낮은 자리에서 재 매수한다면 추가 수익을 기대 할 수 있는 방법이 됩니다.

필자는 여러 저서를 통해서 주식은 심리전이라고 했습니다.

본인의 심리를 다스리는 기술이 이런 것이라 할 수 있고 자신에 맞는 합리적인 대처 방법이라 할 수 있습니다.

물론 우리는 욕심 많은 사람이기 때문에 내가 매도한 후 추가 상승을 하면 배 아플 수 있습니다.

아예 안 아플 수는 없으니 배 아파 합시다.

딱 5분만 배 아파하고 끝내는데

아파한다고 해서 내 것이 되는 것도 아니니 딱 5분만 배 아파 하는 겁니다.

제 고향에 가면 낚싯배를 하면서 고기를 낚아서 팔기도 하고 손님을 받기도 하는 친구가 있습니다.

그 친구가 저에게
'내가 언제 바다에 씨를 뿌렸나, 거름을 뿌렸나
그래도 낚싯대만 담구면 고기가 이렇게 낚이는데 얼마나 고마운 일이고'
이런 말을 한 적이 있습니다.
저도 낚시꾼이라 바다를 가지만 고기를 낚을 때 마다 그 얘기가 떠오르면
그저 감사하다는 생각이 듭니다.

그것을 주식 시장에 비교해서 생각해보면
'우리가 주식시장에 한 게 뭐 있습니까?
매수하고 상승하길 기다리면 누군가 끌어 올려주고 그냥 베어 먹고 하는데 이거야 말로 바다에서 고기를 낚는 것과 뭐가 다릅니까?
우리가 별로 한 것도 없는 주식시장이란 바다에서 많든 적든 '수익'이라는 고기를 낚으면 그저 감사하게 생각할 따름입니다.

[산호님의 처방전]

Q. 매수와 매도(2) - 나. 매도하는 마음가짐과 매도 방법

A. 주식투자를 하면서 가장 어려운 부분이 '매도를 언제 어떻게 해야 하는가?'입니다.

1. 가장 이상적인 매도 자리는 내가 매도한 자리보다 더 상승했냐 아니냐가 아니라 차트베이스에서 매도를 해야 할 자리인가 아닌가와 해당 자리에서 매도를 할 것인가 더 보유할 것인가를 적절히 판단 해 주었을 때 좋은 자리였냐 아니냐가 결정되게 됩니다.

2. 매도 후 주가 상승으로 생기는 아쉬움을 조금이나마 해소하는 방법은 전체 물량의 80%정도를 매도하고 20%정도를 남겨 두는 것입니다. 그러면 수익을 확정 짓는 부분은 큰 비중이 되고 남겨둔 비중은 적으니, 후에 손실로 이어진다 하더라도 확정지은 수익을 크게 깎아 먹지는 않습니다.

용병을 잘하는 자는 비유하면 솔연과 같다.

– 손자병법

善用兵者, 譬如率然
선 용 병 자 비 여 솔 연

善 : 선 잘하다　　　用 : 용 쓰다　　　兵 : 병 병사

者 : 자 사람　　　　譬 : 비 비유하다　　如 : 여 같다

率 : 솔 거느리다　　然 : 연 그러하다

"손자병법(孫子兵法)"의 '구지(九地)'편에 '솔연'이라는 뱀이 등장한다.

　　손자가 말하였다.…… "용병(用兵)을 잘하는 자는 비유하면 솔연(率然)과 같으니, 솔연이란 상산에 있는 뱀이다. 그의 머리를 치면 꼬리가 이르고, 꼬리를 치면 머리가 이르고, 중간을 치면 머리와 꼬리가 함께 이른다." 감히 묻겠습니다. "군대를 솔연이라는 뱀과 같게 할 수 있습니까?" 대답하였다. "가능하다. 무릇 오나라 사람과 월나라 사람은 서로 미워하나, 한 배를 타고 물을 건너다가 풍랑을 만나면 서로 구원하기를 왼손과 오른손 같이 한다. 이런 까닭으로 병사들이 도망가지 못하도록 말을 묶어놓고 수레바퀴를 땅속에 묻어두더라도 믿을 수가 없으니, 용맹한 자와 겁 많은 자를 하나 되게 하는 것은 군정(軍政)의 도(道)이고, 강한 자와 유약한 자 모두 쓰임을 얻는 것은 처지가 그리

만든 이치다. 그러므로 용병을 잘하는 자가 손을 잡고 한 사람을 부리
는 것과 같음은 그 형세가 부득이하기 때문이다."

머리를 치면 꼬리가 달려들고, 꼬리를 치면 머리가 달려들고, 중간을 치
면 머리와 꼬리가 동시에 달려드는 뱀. 참 무시무시하다. 그럼 어떻게 군
대를 그런 뱀과 같이 만들 수 있냐고 묻자 손자는 말한다. 상황이 어쩔 수
없어서 도저히 그럴 수밖에 없는 상황에 놓여야 가능하다고 말이다.

솔연은 위기 상황에 맞게 대응하는 원칙을 가지고 있다. 이것이 솔연이
강한 이유이다. 하지만 솔연처럼 되려면 어쩔 수 없는 상황이어야 한다고
한다. 이 말은 이렇게 하지 않으면 내가 죽는다는 생각을 가지고 덤벼야
한다는 말이다. 매수 혹은 매도할 때마다 '팔까? 그냥 둘까? 더 사야하나?'
등 서너 가지 마음이 동시에 생긴다. 이 마음들은 나를 떠나지 않고 자신
들이 옳다고 소리친다. 매번 미칠 노릇이다. 그렇다면 어떻게 해야 이 마
음들을 하나로 모으고 솔연처럼 강해질 수 있을까? 그것은 내가 절실해야
한다. 모두 잃어본 사람의 그 절실함을 결코 머릿속에서 지우지 말아야 한
다. 주식을 사고 팔 때 솔연처럼 대처할 나만의 매뉴얼을 만들고 죽어도
지키겠다는 절실함이 그 무엇보다 필요하다. 또다시 다 잃을 수는 없지 않
는가?

– 손자병법

善用兵者, 譬如率然

선 용 병 자 비 여 솔 연

善	用	兵	者	,	譬	如	率
然							

3

분할매수,
분할매도를 왜 하는가?

분할 매수를 하는 진짜 이유는 매수하는 곳이 저점이 될 것이란 확신이 없어서입니다. 만약 그곳이 저점인 줄 알았다면 몰빵이나 신용 미수까지 동원 할 수 있는데 왜 조금만 매수를 했겠습니까? 그뿐 아니라 빚을 내서라도 매수를 했겠지요.

물론 매수를 하는 순간 그 곳이 저점이 될 가능성이 있었으니까 매수를 한 것이고, 확신이 부족하기 때문에 확신을 가지는 만큼 비중 조절을 하여 매수를 하는 것입니다.

보통은 1차 매수라고 합니다만 이 1차 매수도 상황에 따라서 비중을 나누기도 합니다. 그냥 상승 해버리면 너무 아깝고 매수하기엔 높은 위치일 때 1차 매수분량도 줄여서 들어가면 그대로 상승했을 땐 적으나마 수익을 올리는 것이고
하락을 한다면 추가 매수하여 1차 매수분량만큼 맞추기도 합니다.

1차 매수 이후 예상과 달리 하락을 한다면

좋은 종목이라는 전제하에 2차 매수를 하여 평균단가를 낮추고 빠져나오거나 물량을 줄이는 작업 등을 합니다.

이것 역시 1차 매수물량의 비중 조절이 있었기 때문에 빠져나올 계획을 잡고 실천을 할 수가 있는 것입니다.

또 주식전문가의 민낯을 공개하는 것 같아 유감스럽습니다만
전문가라 하더라도 저점을 정확하게 알아낼 수가 없습니다.
그런데 만약 몰빵을 지도하여 손실이 크게 생기면 이후에 생기는 후폭풍은 이루 말할 수가 없습니다. 그렇기 때문에 위험을 줄이고자 비중조절을 강조하는 것이고 여러 종목 분산투자를 권유하는 것입니다. 사실 올바른 대응방법이라고 봐야지요.

그렇다면 분할 매도는 어떨까요?
이 분할 매도도 어디가 고점이 될지 몰라서 하는 대응책에 불과 합니다.
전량 매도를 하자니 더 상승 할 것 같고 그대로 보유하자니 하락 할 거 같고 이런 딜레마를 보완하기 위해서 하는 것이 분할매도입니다.

물론 고점이 될 이유도 있고 확률도 높은 자리입니다.
그래서 일부 매도를 하는 것이 분할 매도이며
추가 하락시엔 수익을 적당히 챙겼기 때문에 좋은 것이고
만약 상승 해 버리면 남겨둔 물량이 있기 때문에 수익을 더 올릴 수 있어 좋은 것입니다.
이것 역시 고점에 대한 확률적인 분석은 있지만 명확한 확신이 없기 때문에 취하는 대응 방법일 뿐입니다.

주식은 어느 한쪽의 방향성에 승부를 걸게 되면 잘못됐을 때 계좌손실이나 심리적 타격을 받기가 쉽습니다. 그래서 어느 방향이 나오던지 간에 계좌를 지키면서 조금씩 수익을 더해가는 전략을 찾고 실천하는 게임입니다.

그래서 알 수 없는 방향성에 손실을 줄이고 수익을 확보 할 수 있는 방법론을 찾고 실천하는 것입니다.
주식을 '대응의 영역'이라고 하는 것도 그래서입니다.

한 가지 팁을 더 드리면
처음 5백만원을 투입하여 10%, 50만원을 벌었다면
그 다음은 비중을 절반 이하로 줄여서 들어가는 것이 바람직합니다.
만약 더 벌겠다고 천만원이 들어가서 수익이 나면 좋겠지만
10% 손실을 본다면 앞서 벌은 수익을 반납하고 오히려 마이너스(-) 50만원이 됩니다.

동일한 오백만원이 들어가면 수익이 '0원' 이 되겠지요.
하지만 두 번째 들어갈 때 절반으로 250만원 들어가면 10% 수익이 나면 25만원을 보태서 75만원 수익이 되고
만약 -10% 손실을 보더라도 수익이 -25만원 깎여서 25만원 수익이 되는 것입니다.

결국 재 매수시에 금액을 줄여서 들어가면 앞서 벌어두었던 금액에 수익을 조금 더 보태거나 조금 까먹는 것으로 수익을 유지 할 수가 있습니다.
이런 것이 바로 계좌를 지키는 매매방법입니다.

또 비중조절과 함께 분산투자라는 말이 있는데

여러 종목에 분산 투자하는 이유는

한 종목이 무조건 상승한다는 보장이 없으니 여러 곳에 승부를 거는 것인데 어차피 모른다면 여러 종목에 분산을 해봐야 달라질 것이 없습니다.

하지만 올바른 주식공부를 통해 비교적 확률 높은 매매가 가능하다면 전체적인 평균은 플러스가 되어서 계좌가 불어나게 되는 것입니다.

과거 몰빵으로 13일 연속 수익을 내다가 14일째 되는 날에 크게 물려서 수익을 모두 반납한 적이 있었습니다.

14전 13승 1패를 하는 실력인데

한 번의 실수로 모든 수익을 반납 한다면 주식 시장에서 이길 방법은 도저히 없다는 생각이 들었습니다.

그래서 찾아낸 대응방법이

14개 종목을 매수하고 1패를 했다면 이길 수밖에 없는 싸움이란 것을 깨달았고 그것이 바로 분산 투자였습니다.

비중조절과 분산투자를 함에 있어 반드시 지켜야할 두 가지가 있는데 그것은 추격매수를 하면 안 된다는 것과 각 종목당 비중을 철저히 지켜야 한다는 것입니다.

추격매수는 매수단가가 높아져서 싸움을 해야 한다면 제일 불리한 싸움을 해야만 합니다. 불리한 싸움은 진다는 것이고 질 싸움이라면 애초에 안하는 것이 맞겠지요.

그리고 비중조절이란 13개 종목에 각 100만원씩 매수를 하고 1개 종목에 1300만원치를 매수하면 그것은 몰빵과 다를 바가 없습니다.

나머지 다 이겨도 1300만원짜리 하나만 져 버리면 말짱 도루묵이 되기 때문입니다.

몰빵을 비유해서 저는 이렇게 표현 합니다.
가위 바위 보를 해서 끊임없이 이겨야하는 게임이다, 이런 말을 하는데요.
개인투자자들은 벌어들인 돈도 집어넣고 투자금을 더 끌어와서 다 넣는 우를 범합니다. 그렇게 몰빵을 하면 수익은 극대화 되겠지만
마지막 한번 져 버리면 회복하기 어려운 손실을 맛봐야 합니다.

과거 고등학교 때에 일명 '짤짤이'라고 하는 돈 따먹기를 한 적이 있습니다.
배팅 제한 없이 처음엔 100원을 배팅하고 그 다음엔 200원 그 다음엔 400원, 이런 식으로 이길 때까지 2의 승수만큼 배팅을 했습니다. 계속 잃다가 딱 한번 이겨서 판이 끝났는데요. 마지막에 배팅한 돈은 102,400입니다.
그것은 땄을 때 그만 해 버리면 제가 이길 수밖에 없는 게임이었습니다.

그때 친구랑 철없이 했던 짤짤이가 일반 투자자와 주식시장의 몰빵 싸움을 보는 듯합니다.

보통의 일반 투자자들이 크게 망하는 케이스가 있는데
처음에 수백만 원 투자를 해서 수익이 나면 다른 상상을 합니다.
이 돈이 수백 이 아니라 수 천만 원이었으면 열배를 버는 건데, 라는 상상을 하게 되고 그래서 끌어들인 투자금은 마지막 한번 지는 것으로 승부가 결정나게 되는 것이지요.
몰빵은 그래서 이길 수가 없는 것입니다.

주식인이 어느 정도의 구력만 쌓이면 다 아는 내용들

몰빵, 비중조절, 분산투자 등 이런 것들을 대부분 알고 있는데

아는 것을 지키지 않았을 때 그것을 실수라 하고 그 실수가 생겼을 때 모든 것이 무너지게 되는 것입니다.

결국 아는 것을 실천하지 않았을 때 실패한다는 것인데 모두가 아는 비중조절과 분산투자 이것을 지켜내지 않는 한 영원히 주식 시장에서 성공하기 어렵습니다.

지키는 매매를 먼저 배우고 실천하면 계좌는 불어나기 마련이고 그때 공격적으로 운영하더라도 계좌를 지키고 불려갈 수 있을 것입니다.

분할 매수, 분할매도 그리고 분산투자는 지키는 매매의 시작임을 기억하시기 바랍니다.

[산호님의 처방전]

Q. 분할매수, 분할매도를 왜 하는가?

A. 주식은 어느 한쪽의 방향성에 승부를 걸게 되면 잘못됐을 때 계좌손실이나 심리적 타격을 받기가 쉽습니다.

그래서 어느 방향이 나오던지 간에 계좌를 지키면서 조금씩 수익을 더해가는 전략을 찾고 실천하는 게임입니다.

분할 매수, 분할매도 그리고 분산투자는 지키는 매매의 시작임을 기억하시기 바랍니다.

[시봉님의 고전 속 명언 노트]

교활한 토끼는 굴이 3개 있습니다.
그런데도 겨우 죽음을 면할 수 있을 뿐입니다.

— 전국책

狡兔有三窟, 僅得免其死耳.
교　토　유　삼　굴　　근　득　명　기　사　이

狡 : 교 교활하다　　　　兔 : 토 토끼　　　　　有 : 유 있다

三 : 삼 셋　　　　　　　窟 : 굴 굴　　　　　　僅 : 근 겨우

得 : 득 얻다　　　　　　免 : 명 면하다　　　　其 : 기 그

死 : 사 죽다　　　　　　耳 : 이 ~뿐

제나라 왕은 선왕(先王)의 신하를 자신의 신하로 쓸 수 없다는 이유를 들어 맹상군을 재상자리에서 내친다. 설(薛)땅으로 돌아오는 길에 풍원이 맹상군에게 말한다.

"교활한 토끼는 굴이 3개 있습니다. 그런데도 겨우 죽음을 면할 수 있을 뿐입니다. 지금 군(君)께는 겨우 굴 하나가 있을 뿐이니 아직 베개를 높이 베고 편히 누울 수 없습니다. 청컨대 당신을 위해 두 개의 굴을 더 파 드리겠습니다." 맹상군은 풍원에게 수레 50승과 금 5백 근을 주어 서쪽 양(梁)나라로 유세를 보냈다. 풍원은 양나라 혜왕에게 말했다. "제나라가 맹상군을 쫓아냈습니다. 제후들 중에 그를 먼저 맞이하는 나라는 부국강병해질 것입니다." 이에 양나라 왕은 재상 자리를 비워두고, 사신 편에 황금 천근과 수레 백승을 보내 맹상군을 모셔오

도록 하였다. 하지만 맹상군은 사신이 세 번 찾았지만 가지 않았다. 제나라 왕이 이 소식을 듣고 두려워하여 황금, 수레, 보검에 편지까지 써서 보냈다. "과인이 그만 아첨하는 신하들에게 빠져 군(君)에게 죄를 지었으니, 이는 과인이 부족하여 저지른 일입니다. 원컨대 군께서는 선왕의 종묘를 돌아보시어 우선 돌아와 만민을 다스려 주실 수 없겠습니까?" 풍훤이 맹상군에게 경계하여 말했다. "선왕의 제기(祭器)를 옮겨 설 땅에 종묘를 세우겠다고 청하십시오." 종묘가 완성되자 풍훤이 맹상군에게 보고하였다. "이제 세 개의 굴이 완성되었습니다. 군께서는 베개를 높이 베고 즐거움을 누릴 수 있습니다." 맹상군이 수십 년 재상 자리에 있으면서 조금의 재앙조차 당하지 않은 것은 모두 풍훤의 계책 때문이다.

조그마한 자신의 봉읍(封邑)인 설(薛) 땅으로 돌아오며 맹상군은 안심했으리라. 그래도 이 땅이 있으니 좋지 않은가? 하지만 풍훤이 그를 깨우친다. 지금 그 정도에 안심해서는 안 되며 앞으로 닥칠 환란에 대처할 수 있게 3개의 굴을 파라고 말이다. 첫째 굴은 설 땅이요, 둘째 굴은 로비를 통해 자신을 업신여기면 언제든 이 나라에 위협이 될 수 있는 존재가 될 수 있음을 각인시키는 것이요, 셋째 굴은 제나라 왕의 아버지 제기를 자신의 봉읍인 설 땅으로 옮겨 종묘를 세우는 것이다. 어느 누가 자기 아버지 제사를 지내주는 사람을 함부로 할 것이며, 자기 아버지 사당이 있는 땅에 쳐들어가 해코지할 수 있겠는가?

주식하는 사람은 3~4개 굴을 파야 한다. 분할 매수, 분할 매도, 분산투자 등 나를 지킬 수 있는 굴을 반드시 파 놓아야 한다. 어떤 경우에도 살아남을 수 있게 말이다. 우리가 있는 주식시장은 저 맹상군과 풍훤이 살던 전국(戰國)시대 보다 훨씬 더 살벌한 곳이다.

– 전국책

狡兔有三窟, 僅得免其死耳.
교 토 유 삼 굴 　 근 득 명 기 사 이

狡	兔	有	三	窟	,	僅	得
免	其	死	耳	.			

07
자기
합리화와
주식형
인간

1 자기 합리화와 마인드 관리 2 성공으로 가는
주식형 인간

자기 합리화와
마인드 관리

주식시장에서는 즐거운 일보다 속상하고 아쉬운 일이 더 많습니다.
손실을 보는 사람이 훨씬 많은데다 수익을 낸다 하더라도 늘 만족스런 매매를 하는 것이 아니기 때문에 대부분의 사람들이 아쉬움과 속상한 일들을 겪습니다.

작게 보면 손실이 나거나 수익을 극대화 하지 못한 경우가 될 수 있고 크게 보면 회복하기 힘든 손실 일 수도 있습니다.

그럴 때 마다 매번 속상함을 느낀다면 스트레스와 함께 속병까지 생길 수 있습니다.

사람은 누구나 첫인상이 중요합니다. 그 사람의 인상에는 그 사람의 삶의 흔적이 드러나게 마련입니다. 평소 긍정적인 마인드의 소유자라면 첫인상도 밝을 것이고, 스트레스로 부정적인 생각만 하는 사람은 어딘가 찌푸린 인상을 하고 있을 것입니다. 또 인상을 보면 그 사람의 현재나 과거도 볼 수 있지만 미래도 짐작해 볼 수 있습니다.

주식 잘 해서 잘 살고 싶은데 마음 상해가면서 인상을 쓰고 살아가는 것은 우리가 원하는 삶이 아닐 것입니다.

저도 한때 주식으로 힘들면 뒷산에 올라 마음을 추스르던 시절이 있었고 바위 위에 서면 뛰어내리고 싶은 시절도 있었습니다.
하지만 지금은 과거처럼 힘든 상황은 없습니다.
과거엔 수익 난 날은 웃고
손실 난 날은 찡그렸지만
지금은 가급적 '포커 페이스'를 유지하려고 노력하고 있습니다.
왜냐면 심리가 무너질 일을 하지도 않지만
설사 그렇다 하더라도 긍정적으로 마인드를 변화시켰기 때문입니다.

일상의 작은 스트레스와 감정들을 다 표현하고 살면 주변 사람들을 힘들게 할 것입니다. 가급적 감정 표현을 자제하고 늘 웃으려 노력합니다.

행복한 나의 삶을 위해서 긍정적인 마인드로 변화시킬 필요가 있는데 제가 드린 얘기들과 예시들을 통해 더 많은 상황에서도 긍정적인 마인드와 더 나은 대응전략을 만들어 보시기 바랍니다.

■ 손실로 장을 마감 할 때

계좌 평가액이 -100만원으로 끝이 났다면 그 상태로 제로화 시키는 마인드가 필요합니다.
계좌는 -100만원인데 다음날 장이 열리면 -100만원 손실인 상태라고 생각하는 것이 아니라 어제까지 마감이 -100만원이고 오늘 장중에 -90만원이 된다면 10만원을 수익이 난 것으로 생각을 바꿉니다.

또 -110만원이 된다면 어제보다 -10만원 잃은 것으로 생각을 해 버리면 -110만원이 아니라 -10만원을 잃었을 뿐입니다.

이렇게 생각한다고 해서 계좌상태가 달라지는 것도 아니고 내가 조금 더 편안한 마음을 가질 수 있다는 것입니다.

■ 매매는 했는데 수익이 나지 않을 때

오전에 수익이 났다가 오후에 반납을 하는 경우도 많습니다. 또 아예 수익이 안 나는 날도 있을 수 있습니다.

그럴 때는 허무하게 느낄 수도 있는데요.

이날은 그냥 매매를 안했다고 생각하는 겁니다.

손실이 난 날도 많은데 손실이 안 난 게 어딥니까?

손실로 끝났다면 다음날 벌어서 메워야 하고

메운다고 해서 본전이 되었을 뿐 계좌가 불어나는 것도 아니며

내일 메워진다는 보장도 없습니다.

그냥 매매를 안했거나 벌어서 메워야 하는 나쁜 상황이 생기지 않았다고 생각하면 마음이 편안해 집니다.

이렇게 생각하든 저렇게 생각하든 내가 편안해 지는 것 말고는 달라질 것이 없습니다.

■ 종목은 많은데 수익이 나지 않을 때

매매를 하다보면 종목은 여럿인데 일부는 상승하고 일부는 하락해서 수익이 나지 않고 지칠 때가 있습니다.

하나는 상승, 하나는 하락

이럴 때는 그냥 다 버리는 방법이 있습니다.

대응방법이라고 할 수 있는데 버리고 나면 마음이 편안 해 집니다.

이때도 역시 매매를 안했다고 생각하면 그뿐이고

손실이 안 난 게 어디냐고 생각하면 오히려 행복합니다.

예수금이 들어 있는데 계좌가 텅 비워지는 것은

아무나 할 수 있는 기술이 아니라 고수 중에 고수만 할 수 있는 기술입니다.

■ 종목을 갈아탔는데 반대로 움직일 때

저도 많이 해 본 일입니다. 보유중인 종목이 움직이지 않아 다른 종목으로 갈아탔는데 버렸던 종목이 상승할 때가 있습니다.

이것은 판단이 틀린 것이 아니라 하지 말아야 할 일을 했다고 생각해야 합니다.

종목을 갈아탈 상황이었다는 것은 계좌에 예수금이 없었거나 몰빵인 상태였음을 의미 합니다.

따라서 분산투자로 두 종목 다 보유할 수 있었는데 그 기회비용을 날린 것입니다.

매매방법이 잘못 됐기 때문에 자금운용방법을 바꿔야 합니다.

■ 큰 금액이 들어간 종목은 하락하고 적은 금액이 들어간 종목이 상승할 때

매매를 하다보면 이런 상황들이 생길 수 있습니다.

운이 좋으면 많이 매수한 종목이 움직일 텐데

운이 나쁘니까 적은금액이 들어간 종목이 움직인다, 이렇게 생각할 수 있는데 어쩌면 당연한 결과라고 할 수 있습니다.

1차 매수 후에 주가가 상승 해 버리면 추가 매수를 안 할 텐데

1차 매수 후에 주가가 하락했기 때문에 2차 매수를 하게 되고 그러다보니 하락한 종목이 비중이 많아지는 것은 당연한 결과입니다.

그렇기 때문에 상승하는 종목은 비중이 작고 하락하는 종목은 비중이 많아지게 되는 것입니다.

이것은 어떤 느낌이냐면 많이 매수할수록 주머니가 무거워지고 엉덩이가 무거워져서 일어나지 못하는 느낌입니다. 엉덩이가 무거워지니 일어서기 어려운 것은 당연합니다.

아무튼 이런 경우에는 적은금액 매수한 것이라도 상승을 해 주니 그나마 다행이라고 생각하면 됩니다.

그마저도 하락하면 더 속상하지 않겠습니까?

그래서 그거라도 상승해주니 손실이 줄어드는구나, 라고 생각하면 만족할 일이 됩니다.

이런 생각은 내가 조금 더 위안이 되고

그렇게 생각한다고 해서 실제로 더 나빠질 일은 없습니다.

■ 보유중인 종목은 가만히 있고 구경중인 종목만 상승한다면

이런 상황이라면 속상하기도 하고 갈아타고 싶을 수도 있습니다.

하지만 그것은 그것이고 내가 보유한 종목은 내 종목입니다.

서로 별개의 것이란 인식이 필요하고 말 그대로 '강 건너 불구경' 하듯 보면 됩니다.

그러지 않아서 생기는 폐단이 추격매수이고 그 때문에 크게 물리는 경험들 다들 해 봤을 것입니다.

강 건너 불구경 하지 않으면 추격매수로 크게 물린다고 생각하면 그다지

부럽게 보이지도 않고, 달리는 말에 올라 타봐야 말 속도만 느려진다 생각하면 내가 탈 말도 아님을 알 수 있습니다.

크게 물릴 일도 막았다고 생각하면 칭찬해 주고 싶은 대응이 됩니다.

■ 물려 있던 종목이 큰 양봉을 그리며 상승한다면

그것은 바로 손절을 할 타이밍이라 할 수 있습니다.

큰 양봉이란 보통 10% 이상 상승하는 것을 말하는데

크게 물렸던 종목이 10% 이상 상승했다면 손실이 10% 이상 줄어들었다는 것입니다. 우리가 크게 손실 났을 때를 생각 해 보십시오.

10%만 올라주면 참 좋을 텐데 라고 생각하지 않았습니까?

그 바람이 이뤄진 것이니 손절을 해야 하는 것이 맞고

또 10%이상 상승했다면 급격한 상승이므로 하락이라는 조정이 기다리는 것이니 당연히 손절을 해야 합니다.

그리고 내가 아닌 다른 사람은 10% 이상 수익이 나서 매도를 하고 있는데 여러분이 10% 이상 수익이 난 것이라면 당연히 매도를 해야 하지 않겠습니까?

그래서 큰 양봉은 손절 자리가 되며 수익 실현 자리가 되는 것입니다.

그대로 들고 있다가 다시 원래 자리로 하락해버리면 그 속상함은 또 어떻게 하겠습니까?

여기서 말씀 드린 큰 양봉이 10%라는 말은 개인차가 있으니 감안해서 자기 기준을 찾으시기 바라고 투자 성향에 맞도록 유연하게 적용하시기 바랍니다.

누군가는 컵에 물이 반이나 없어졌다고 말하고

누군가는 반이나 남았다고 표현합니다.

물이 필요한 정도에 따라서 표현이 달라지겠지만 내가 어떤 마음을 먹느
냐에 따라서 내가 행복해 지는 방법이 있습니다.

주식을 조금 더 행복하게 하고

감정에 휘둘리는 실수를 줄이고

냉정한 대응을 하자면

생각을 바꾸지 않으면 개선책을 찾고 실천하기가 어렵습니다.

우리가 마인드를 이렇게 바꾼다고 해서 남에게 피해를 주는 것도 아닙니
다. 우리가 발전할 수 있는 생각 구조를 만드는 것이기에 자기 자신을 끝
없이 세뇌시키고 개선시켜 나가면 주식으로 성공하는 마인드를 갖출 수
있을 것입니다.

[산호님의 처방전]

Q. 자기 합리화와 마인드 관리

A. 행복한 나의 삶을 위해서 긍정적인 마인드로 변화시킬 필요가 있습니다.

1) 손실로 장을 마감 할 때

계좌 평가액이 -100만원으로 끝이 났는데, 오늘 장중에 -90만원이 된다면 10만원을 수익이 난 것으로 생각을 바꿉니다.

2) 매매는 했는데 수익이 나지 않을 때

이날은 그냥 매매를 안했다고 생각하는 겁니다.

3) 종목은 많은데 수익이 나지 않을 때

하나는 상승, 하나는 하락, 이럴 때는 그냥 다 버려버리는 방법이 있습니다.

4) 종목을 갈아탔는데 반대로 움직일 때

분산투자로 두 종목 다 보유할 수 있었는데 그 기회비용을 날린 것입니다. 매매방법이 잘못 됐기 때문에 자금운용방법을 바꿔야 합니다.

5) 큰 금액이 들어간 종목은 하락하고 적은 금액이 들어간 종목이 상승할 때

적은금액 매수한 것이라도 상승을 해 주니 그나마 다행이라고 생각하면 됩니다.

6) 보유중인 종목은 가만히 있고 구경중인 종목만 상승한다면

서로 별개의 것이란 인식이 필요합니다. 추격매수하다 크게 물리는 경험들 다들 해봤을 것입니다.

7) 물려 있던 종목이 큰 양봉을 그리며 상승한다면

그것은 바로 손절을 할 타이밍이라 할 수 있습니다.

이것이 복이 될 줄
누가 알겠소?

– 회남자

此何遽不爲福乎

차　하　거　불　위　복　호

此 : **차** 이 　　　　**何** : **하** 어찌 　　　　**遽** : **거** 갑자기

不 : **불** 아니다 　　　**爲** : **위** 되다 　　　**福** : **복** 복

乎 : **호** 어조사

"회남자(淮南子)" '인간훈(人間訓)'편에 점을 잘 치는 노인이 나온다.

　　무릇 화(禍)와 복이 돌고 돌아서 서로 생겨나니 그 변화를 알기 어렵다. 변방 근처에 사는 사람 중에 점술을 잘하는 자가 있었다. 어느 날 말이 까닭 없이 도망가 오랑캐 땅으로 넘어갔다. 사람들이 모두 위로하자 노인이 말했다. "이것이 도리어 복이 될지 누가 알겠는가?" 몇 달 후 그 말이 오랑캐 준마를 데리고 돌아왔다. 사람들이 모두 축하하자 노인이 말했다. "이것이 도리어 재앙이 될지 누가 알겠는가?" 집에 좋은 말이 많으니 그 아들이 말 타기를 좋아하였는데 낙마하여 그 넓적다리가 부러졌다. 사람들이 모두 그를 위로하자 노인이 말했다. "이것이 도리어 복이 될지 누가 알겠는가?" 일 년이 지나 오랑캐가 크게 변방으로 쳐들어오자 젊은이들은 전쟁터로 끌려가 변방 사람 중에 열에 아홉은 죽었다. 그러나 이 노인의 아들은 절음발이였기 때문에 부자(父子)가 서로 목숨을 보존할 수 있었다. 그러므로 복이 변하여 화가 될 수 있고, 화가 변하여 복이 될 수 있으니 그 변화는 끝이 없고 그 깊이는 헤아릴 수 없다.

그 유명한 새옹지마(塞翁之馬)라는 고사는 이렇게 생겨난다. 서양에도 지혜로운 솔로몬과 관련한 이야기가 하나 전해진다.

다윗왕은 반지를 만드는 장인에게 명한다. "나를 위해 반지를 만들되, 내가 승리에 도취되었을 때 나를 다스리고, 절망에 빠졌을 때 용기를 줄 수 있는 글귀를 새겨 넣어라." 장인은 고심했지만 결국 해결하지 못하고 지혜로운 솔로몬 왕자에게 찾아가 글귀를 부탁한다. 솔로몬이 말한다. "이렇게 새겨 넣으시오. '이것 또한 곧 지나가리라.(Soon it shall also come to pass)' 왕께서 승리에 도취되었을 때 이 글귀를 보면 자만심이 가라앉을 것이고, 절망 속에서 이 글귀를 본다면 용기를 얻을 것이오."

동서양 두 이야기 모두 기쁨도 언제까지 기쁨이 아니고, 슬픔도 언제까지 슬픔이 아니라는 말을 하고 있다. 살아가면서 너무 한쪽으로 감정을 치우치게 해 자신을 망가뜨리지 말라고 경고하고 있는 것이다. 주식을 하면서 갑자기 찾아온 오늘의 대박이 훗날 나를 망칠 수도 있고, 주식으로 모든 것을 잃고 죽고 싶었던 그 마음 때문에 내가 최고의 자리에 오를 수도 있다. 힘든 감정이 찾아와 나를 주체 못할 때 이렇게 평정심을 찾아보자.

"이것이 복이 될 줄 누가 알겠소!"

– 회남

此何遽不爲福乎

차 하 거 불 위 복 호

此	何	遽	不	爲	福	乎	

2

성공으로 가는
주식형 인간

주식에 입문하고 생각 변화가 많았습니다.

처음엔 나만 잘하면 사람들과 부딪치지 않고 살수 있다는 것이 매력으로 느껴졌고

남들보다 욕심을 덜 부리면 먹고 살 정도는 될 것이란 소박한 마음이었습니다.

가끔은 로또복권처럼 주식으로 인생 대박을 내보자 하는 욕심도 솔직히 생겼습니다.

그런데 지금은 그런 생각을 하지 않습니다.

주식을 잘 모를 때는 대박을 꿈꾸고 인생 역전을 꿈 꿨지만 주식이란 것을 알면 알수록 한 없이 겸손한 마음이 생겼습니다.

주식은 그 속성상 꾸준히 수익을 거뒀더라도 한 번의 잘못된 선택으로 그동안의 수익을 다 날려 버릴 수 있습니다. 그 사실을 깨달은 후 더 이상 일확천금, 대박의 욕심은 부리지 않습니다.

안정 위에 성장이라는 마음으로 꾸준히 공부하고 있으며 그 공부가 성공

에 가까워지는 바른 길이라 믿고 있습니다.

샴페인을 언제 터뜨리냐의 문제인데 갈고 닦을수록 승률은 분명히 더 나아질 것이기 때문에 샴페인을 터트리는 시기를 미루면 미룰수록 성공적인 자축이 될 것임을 확신하고 있을 따름입니다.

제가 실전 매매 지도반을 운영할 당시 수강생들을 참 호되게 꾸짖었습니다.
주변분들이 심하다 할 정도로 꾸짖었었는데 그럴 수밖에 없었던 저만의 생각이 있었습니다.

호되게 꾸짖어서 그 실수를 막을 수 있다면 꾸짖는게 낫다. 라는 생각 때문이었고
큰 돈을 잃고 후회하고 아픈 것 보다 크게 혼남으로써 큰 손실을 막을 수 있다면 한번 혼나는게 낫지 않냐 라는 생각 때문이었습니다.

주식으로 성공하자면 올바른 공부 환경과
그 공부를 지속 시킬 수 있는 환경 조성이 제일 중요합니다.
직장인이라면 시간을 쪼개서라도 꾸준히 공부할 수 있어야 하고 전업투자자라 하더라도 가족의 생계수단은 가지고 있으면서 전업을 하는 것이 장기간 공부할 수 있는 환경이 되는 것입니다.

'몇 달 해보고 안 되면 직장 돌아가지'
이런 환경이라면 꾸준히 공부할 수가 없습니다.

몇 개월 하고 몇 년 한다고 해서

성공이라는 문턱을 완전히 넘어서는 것이 아니기 때문에 오래 달릴 수 있는 환경이 제일 중요하다고 할 수 있습니다.

그 환경을 갖춘 이후에는 자신의 역량을 집중하여야 합니다.

시간도 한정적이고 학습능력도 한정적인데 이일 저일 많이 벌리면 주식공부에 깊이를 더할 수가 없습니다.

제가 힘들었던 어느 날 드라마를 보는 제 자신을 발견하곤 크게 깨달은 적이 있습니다. 가족의 미래가 내 손에 달렸고 안정적인 수익 상황도 아니면서 드라마를 보며 시간을 때우고 있는 것이 말이 되냐는 자책이었습니다. 그래서 드라마 보는 것을 중단하고 제 방으로 가서 주식공부를 했고

취미도 끊고 역량을 집중하여 주식공부에 매진하였습니다.

주식투자도 그렇고 매사에 성공하기 위해서는 선택과 집중이 필요합니다.

얼마나 어떻게 집중하느냐에 따라 성공 여부가 달라진다고 생각합니다.

그런 준비가 되었다면

고수가 되기 전까지는 계좌를 지키는 연구를 해야 하며 계좌를 지키다 보면 계좌가 불어나는 순간이 오게 됩니다.

올바른 공부방법위에

오래 달릴 수 있는 준비를 하고

역량을 집중하여

계좌를 지키는 공부를 하면

계좌는 자연스럽게 불어나는 시절이 올 것입니다.

그 시절이 올 때 까지 인내하면 할수록 승률은 점점 더 높아짐을 잊지 마시기 바랍니다.

[산호님의 처방전]

Q. 성공으로 가는 주식형 인간

A. 1. 주식을 잘 모를 때는 대박을 꿈꾸고 인생 역전을 꿈 꿨지만 주식이란 것을 어느 정도 알았다 싶으니 겸손이 생겼습니다.

2. 안정 위에 성장이라는 마음으로 꾸준히 공부하고 있으며 그 공부가 성공에 가까워지는 바른 길이라 믿고 있습니다.

3. 고수가 되기 전까지는 계좌를 지키는 연구를 해야 하며 계좌를 지키다 보면 계좌가 불어나는 순간이 반드시 오게 됩니다.

그것을 바라보면
'나무 닭'처럼 보입니다.

— 장자

望之似木鷄矣
망 지 사 목 계 의

望 : **망** 바라보다   **之** : **지** 어조사   **似** : **사** 같다

木 : **목** 나무   **鷄** : **계** 닭   **矣** : **의** 어조사

"장자(莊子)"의 '달생(達生)'편에는 진정한 싸움닭 이야기가 나온다.

    기성자가 왕을 위해 싸움닭을 키웠다. 열흘이 지나서 왕이 물었다. "싸움닭은 완성되었는가?" 기성자가 말했다. "아직 아닙니다. 공연히 허세를 부리고 자신의 기운만 믿고 있습니다." 열흘이 지나서 또 물으니, "아직 아닙니다. 여전히 다른 닭의 소리나 그림자에 민감하게 반응을 합니다."라고 대답했다. 열흘이 지나서 또 물으니, "아직 아닙니다. 여전히 다른 닭을 노려보며 기운이 온몸에 뻗쳐 있습니다."라고 대답했다. 열흘이 지나서 또 물으니, "거의 완성되었습니다. 다른 닭이 비록 울어도 전혀 변화가 없으니 그것을 바라보면 나무 닭처럼 보입니다. 그 덕이 완전해져서 다른 닭들이 감히 대응하지 못하고 도리어 달아납니다."라고 대답했다.

어느 날 돌에 도장을 판 적이 있다. 무엇을 새겨 넣을까 고민하다 '木鷄
(목계)'라고 새겼다. 장자를 읽다 이 '나무 닭'에 매료된 기억이 떠올랐기 때
문이다. 만약 누군가 한 분야에서 장자의 저 '나무 닭'을 닮을 수 있다면
그는 분명 그 분야에서 일가(一家)를 이룰 수 있겠다고 생각했다.

주식을 처음 시작할 때는 '공연히 허세부리고 자신의 기운만 믿는 닭'처
럼 대박을 꿈꾸며 주변에 엄청난 수익을 내고 있는 것처럼 영웅담을 늘어
놓는다. 결코 실패한 이야기는 입 밖에 꺼내지 않는다. 그러다 '다른 닭의
소리나 그림자에 민감하게 반응하는 닭'처럼 수없이 쏟아지는 정보에 민
감하게 반응하며, 남이 좋다고 말하는 주식 근처를 계속 기웃거린다. 그러
다 보면 많은 손실을 입게 되고 '다른 닭을 무섭게 쏘아보는 닭'처럼 화가
잔뜩 나 호가창과 차트를 노려본다. 이 모두가 미완의 싸움닭이다. 미완의
상태로 투계장에 나가봐야 쥐어터지기 밖에 더하겠는가? '나무 닭'이 되
어야 한다. 모든 미완의 경험들은 나를 '나무 닭'으로 성장시키는 밑거름
이 될 것이다. 그러니 나무 닭이 되기 전에 나가떨어지지 말고 살아남아야
한다. 여러분이 '나무 닭'이 되어 당당하게 서기를 간절히 바란다.

- 장자

望之似木鷄矣
망 지 사 목 계 의

望	之	似	木	鷄	矣		